Le regard infini

PARCS, PLACES
ET JARDINS PUBLICS
DE QUÉBEC

Données de catalogage avant publication (Canada)

Morency, Pierre, 1942-

Le regard infini : parcs, places et jardins publics de Québec

Comprend des réf. bibliogr.

ISBN 2-921146-84-3

1. Parcs urbains – Québec (Province) – Québec. 2. Places – Québec (Province) – Québec. 3. Jardins – Québec (Province) – Québec. 4. Squares – Québec (Province) – Québec. 5. Québec (Québec) – Ouvrages illustrés. I. Couturier, Luc-Antoine. II. Provencher, Jean, 1943- . III. Titre.

FC2946.65.M67 1999 971.4'471 C99-941401-1

F1054.5.Q3M67 1999

PIERRE MORENCY

PHOTOGRAPHIES DE

LUC-ANTOINE COUTURIER

AVEC LA COLLABORATION DE

JEAN PROVENCHER

Le regard infini

PARCS, PLACES ET JARDINS PUBLICS DE QUÉBEC

Cette publication a été réalisée à l'initiative et sous la supervision de la Commission de la capitale nationale du Québec.

Rédaction : Pierre Morency
Textes historiques : Jean Provencher
Photographies : Luc-Antoine Couturier, sauf autre mention
Idéation et réalisation : Gérald Grandmont
Chargée de projet : Hélène Jean
Direction des publications : Denis Angers
Conception et réalisation graphiques : Gérard Beaudry
Révision : Ghislaine Fiset et Robert Paré
Pelliculage : Compélec
Impression : La Renaissance

ISBN 2 921146-84-3
Dépôt légal – Bibliothèque nationale du Québec, 1999
Dépôt légal – Bibliothèque nationale du Canada, 1999

ÉDITIONS MULTIMONDES
930, rue Pouliot
Sainte-Foy (Québec)
G1V 3N9 CANADA
Téléphone : (418) 651-3885
Téléphone sans frais depuis l'Amérique du Nord :
1 800 840-3029
Télécopie : (418) 651-6822
Télécopie sans frais depuis l'Amérique du Nord :
1 888 303-5931
Courriel : multimondes@multim.com
Internet : http:///www.multim.com

DISTRIBUTION EN LIBRAIRIE AU CANADA
Diffusion Dimedia

DISTRIBUTION EN FRANCE
D.E.Q. 30, rue Gay-Lussac 75005
Paris FRANCE
Téléphone : (1) 01 43 54 49 02
Télécopie : (1) 01 43 54 39 15

COMMISSION DE LA CAPITALE NATIONALE DU QUÉBEC
525, boulevard René-Lévesque Est
Québec (Québec)
G1R 5S9 CANADA
Téléphone : (418) 528-0773
Télécopie : (418) 528-0833
Courriel : commission@capitale.gouv.qc.ca
Internet : http://www.capitale.gouv.qc.ca

Les Éditions MultiMondes reconnaissent l'aide financière du gouvernement du Canada par l'entremise du Programme d'aide au développement de l'industrie et de l'édition (PADIÉ) pour leurs activités d'édition. Elles remercient également la Société de développement des entreprises culturelles du Québec (SODEC) pour son aide à l'édition et à la promotion.

Le cœur, l'image et la mémoire

Il arrive, trop rarement hélas, que la conjugaison de beaux talents permette d'entrevoir le génie, d'atteindre presque l'infini. C'est là le sentiment envoûtant que j'ai ressenti la première fois où j'ai eu le privilège de poser les yeux sur les épreuves de ce *Regard infini* porté sur la capitale nationale du Québec par trois de ses amants passionnés.

Cette œuvre est à tous points de vue remarquable, séduisante, belle. Au fil des parcs, des places et des jardins secrets de Québec, elle invite à la contemplation, à la recherche de l'insolite, au rappel du passé. Elle donne au lecteur l'irrésistible envie de se précipiter lui aussi à la découverte de cette cité naturelle, verte ou blanche, enrichie par l'apport de l'homme au fil de bientôt quatre siècles.

Chaque page invite le lecteur à accompagner les promenades du poète solitaire, Pierre Morency. De plaines en parc, de ruelles en redoute, il raconte bellement les expériences d'antan comme les rencontres imaginaires d'aujourd'hui. Son récit entraîne, guide, évoque et campe à merveille les esprits des lieux.

Ce texte est admirablement animé par les photographies de Luc-Antoine Couturier. Aux quatre coins de la ville, par quatre saisons, il a su saisir sur pellicule des arbres géants, des allées paisibles, des amoureux enlacés qui sont et font Québec. En couleurs éclatantes comme en demi-teintes subtiles, il illustre à merveille le Québec du poète.

Et, comme si la mesure n'était pas suffisamment comble, l'historien Jean Provencher est allé chercher derrière textes et photos la genèse des lieux qu'ils racontent. Ce qui contribue, au-delà de l'œuvre initiale, à la diffusion de la connaissance sur cette capitale de toujours qui est la nôtre.

Le cœur, l'image et la mémoire. Voici en trois mots la déclinaison d'un *Regard infini*.

Pierre Boucher
Président et directeur général
Commission de la capitale nationale du Québec

Table des matières

C'est lors de mon premier voyage en Grèce, en Crète plus précisément,
devant le palais de Cnossos reconstitué, qu'un éclair nommé Québec m'éblouit.

Roger Lemelin

Nul, sans ailes, n'a le pouvoir de saisir ce qui est proche.

Hölderlin

Pour la vie, nous voyons le monde depuis le rocher
qui le premier nous a servi de belvédère.

Miguel Torga

Une ville de visions

Quand il arrive dans une ville nouvelle,
le voyageur retrouve une part de son passé
dont il ne savait plus qu'il la possédait.

Italo Calvino

Qu'arrive-t-on à dire d'une ville quand on en veut rendre les couleurs uniques sans pour autant sacrifier au pittoresque, quand on cherche à retrouver les traces qu'en plus de trente ans elle a déposées en nous, quand on s'attarde à ces lumières parfois petites qui font la vie agréable ? De même, parvient-on jamais à faire écho aux luttes, aux douleurs, aux rêves de bonheur de tous les humains quand on illustre le lieu où une population vit à sa manière son passage sur la terre ? En d'autres mots, comment raconter sans esprit de clocher, sans ostentation cocardière, mais sans fausse pudeur, ce qui fait le charme et l'intérêt d'une ville ? Voilà quel genre de questions se présentent à l'auteur qui, à pied d'œuvre, se voit comme le voyageur découvrant, après un long retrait, sa propre cité avec un regard aussi frais qu'une pensée nouvelle.

Depuis longtemps je désire écrire un livre sur Québec. Les villes sont comme des êtres qui naissent bien avant leur avènement officiel, qui portent des immensités derrière leur visage d'apparence, qui prolongent leur *ici* en d'insaisissables *ailleurs*, elles sont des êtres doués d'une

Rares sont les villes qui permettent au regard de s'élever pour saisir notre vraie place dans le monde.

figure et d'un esprit, lancés vers un destin dont le sens leur échappe et qu'il faut pourtant tenter de comprendre. Pour exprimer les contours de ce qui constitue cette forme originale d'urbanité nommée Québec, j'ai voulu signaler des itinéraires menant à des lieux où l'on aime s'arrêter pour goûter certaines saveurs de la vie, pour donner à nos regards l'espace qui fait découvrir d'autres espaces, moins visibles. Forcé de choisir entre l'attitude scrutatrice de l'historien et la démarche erratique du simple flâneur, j'ai finalement élu une troisième voie et opté pour le regard de l'oiseau. N'est-ce pas lui qui appréhende dans le même instant le proche et le lointain, le large et l'infime, qui permet de s'arrêter devant le dessin d'une imposte ou le galbe d'une porte pendant qu'au même moment il suit le passage du Grand Glacier limant le promontoire aux Diamants; n'est-ce pas lui qui, se jouant du temps des horloges, voit le sentier primitif sous l'asphalte du boulevard animé, anticipe, là où croupit un morne terrain vague, le plaisir du marcheur pénétrant dans le parc aux Trois Fontaines, si lumineux en automne?

C'est ce regard-là en tout cas qui m'a amené à découvrir ma ville à partir des espaces ouverts: parcs, jardins, squares, places, tous lieux où les grands arbres incitent à la halte et permettent de considérer les réalités familières à travers des chatoiements tamisés ou d'une hauteur ouverte sur des points de vue inédits et sur l'empan des horizons.

À tant faire que de voler d'un parc à une place, d'un arbre remarquable à un monument altier, je ne me suis refusé aucune fantaisie. Promeneur souvent solitaire, attentif aux voix et aux murmures, désireux d'entrer en commerce avec mes concitoyens, quoique animé d'un fort quant-à-soi, je me suis donné cette disposition qui permet les rencontres aussi énigmatiques qu'inattendues.

Un jour, par exemple, il n'y a pas si longtemps, je m'étais arrêté, à l'ombre de la porte Saint-Jean, devant un panonceau affichant l'intérêt historique du parc de l'Artillerie. J'allais poursuivre ma promenade quand j'ai senti une présence derrière mon épaule. Je n'avais pas encore vraiment tourné la tête que j'ai entendu une voix au timbre inconnu mais dont les inflexions m'étaient d'une certaine façon familières :

– Mais oui, cher monsieur, je suis bien celui que vous croyez et si je me permets de me révéler aujourd'hui, c'est que je reconnais en vous un de mes rares lecteurs. Vous me voyez d'ailleurs assez heureux d'être encore lu un siècle après mon… définitif éloignement.

Si tu es un horizon pour toi-même, peut-être sentiras-tu les chemins que tu portes.

– Arthur Buies !

– Il ne faut pas vous surprendre de me voir errer dans notre bonne cité de Québec que j'ai en mon temps, je l'avoue, plus souvent qu'à mon tour égratignée dans mes chroniques ; mais vous savez, vous, que mes humeurs de pamphlétaire émanaient d'un fond bienveillant. J'ai beaucoup aimé cette ville que j'ai comparée un jour à un éden, à un bouquet épanoui sur la cime d'un roc, un bouquet que nous n'arrosions pas comme il le méritait.

– Peut-être auriez-vous encore quelque raison d'utiliser vos plumes les mieux affûtées…

Les trois règnes réunis en un point de l'espace et du temps. Avec en plus un morceau d'architecture, qui est l'art de bien habiter l'espace en faisant chanter la matière.

– Oh, mais avec moins de sévérité. Il faut comme moi avoir connu Québec il y a cent vingt-cinq ans pour voir avec contentement qu'elle s'est non seulement assainie et embellie, mais qu'elle a abandonné son esprit de petite ville frileuse pour devenir, sous maints aspects, un véritable bijou. Un bijou dont peuvent profiter tous ses habitants et tous ses visiteurs. Ce qui s'appelle, je suppose, le début d'un vrai progrès.

– J'imagine que vous pouvez citer au moins un lieu…

– Le meilleur exemple est l'endroit précis où nous nous trouvons. Sachez, mon ami, qu'il y avait dans ce délicieux endroit nommé jardin militaire, une oasis touffue, une charmante retraite, un jardin séculaire, le plus beau de tous, fait sur un plan à peu près comme celui de la ville, avec des allées qui allaient comme elles pouvaient, mais abritées par des arbres à l'ombrage épais et paternel, respectés de l'émondeur, il y avait ici des fourrés, des petits berceaux à demi submergés par l'ombre, des coins mystérieux, d'une tranquillité sereine et douce. Eh bien, ce jardin était coupé des rues Saint-Jean et D'Auteuil par une immense palissade de pieux qui en interdisait l'entrée. Aucune possibilité d'aller y recevoir une minute d'ombre fraîche pendant l'été.

– Il y avait bien d'autres endroits où prendre le frais ?

– D'autres endroits ? Je vous prie de m'indiquer lesquels.

– La Terrasse, le jardin des Gouverneurs par exemple…

– Parlons-en ! Vous ne pouvez vous imaginer de quoi avait l'air, à mon époque, ce coin qui est considéré à juste titre comme un des plus remarquables de la ville. Nous de l'élite des promeneurs, nous n'avions d'autre refuge, les beaux soirs d'été, pour jouir de l'air du large et du plus prodigieux panorama qui soit au monde, que la minuscule terrasse Durham…

– Elle est devenue notre terrasse Dufferin…

– … que la terrasse Durham donc, qui ne mesurait que six pieds carrés ! Pendant vingt ans, j'ai usé mes meilleures plumes, j'ai vidé de profonds encriers à tenter de convaincre nos huiles et nos édiles de prolonger de trois pieds cette plate-forme accrochée au cap. Et que dire de cette autre si plaisante promenade appelée jardin du Gouverneur ? Saviez-vous que l'École normale qui l'avait envahi, quoiqu'il appartînt à la ville, ne laissait personne y pénétrer ? Où donc prendre un peu d'air frais, je vous le demande. Ah, mon cher, vous ne pouvez vous figurer ce que j'ai souffert de voir cette ville lésiner sur la dépense, se figer dans ses institutions religieuses et militaires, se rapetisser dans ses noires et chassieuses fortifications, s'interdire à elle-même la jouissance de son site exceptionnel et de ses réelles beautés.

– Elles sont peu nombreuses les personnes qui aujourd'hui réclameraient la disparition des fortifications…

– Vivrais-je en votre temps que sans doute je porterais ailleurs mes ardeurs combatives. Je vous rappellerai néanmoins que le mur qui surmontait l'arête du cap le long de la rue des Remparts, entre le

Un après-midi de décembre, vous remontez à pied la côte de la Fabrique et soudainement vous reviennent à la mémoire ces mots du poète Michaux : *Je suis gong et ouate et chant neigeux.*

Arc-en-ciel pour une pluie de couleurs.

Séminaire et la côte du Palais, avait quinze pieds d'élévation. On a réussi, avec force instances et remontrances, à faire abaisser ce mur d'une dizaine de pieds, ouvrant ainsi au regard tout l'immense panorama qui s'étend de L'Ancienne-Lorette jusqu'à Sainte-Anne-de-Beaupré. Quelqu'un prétendra-t-il que le pittoresque et le cachet de notre ville n'ont pas énormément profité de cette amélioration ?

– C'est ce que vous écriviez en 1875.

– Que de choses ont changé, et pour le mieux, j'en conviens. S'il y a quelqu'un à même d'évaluer ce qui a été réalisé pour faire de notre bonne ville une capitale digne de ce nom, c'est bien moi. Et je vous dirai davantage : si Québec, pendant les prochaines années, poursuit l'effort investi depuis cent ans pour son embellissement et son amélioration, elle deviendra, pour peu qu'elle se protège contre les appétits marchands, les agités du vacarme estival et les tentations d'une complaisante facilité, elle deviendra le joyau de l'Amérique du Nord, une ville incomparable de cordialité, tant il est vrai que règnent ici, malgré les adversités du climat, une joie de vivre, une amabilité populaire, une douceur de mœurs qui n'ont pas leurs pareilles dans un monde confronté à l'insupportable misère.

Voilà ce que me confia Arthur Buies, qui prit congé de ce temps terrestre le 26 janvier 1901, dans sa maison du 24, rue D'Aiguillon.

Ses paroles vivaient encore au fond de mon oreille pendant que je poursuivais ma promenade dans le parc de l'Artillerie. Assis dans le petit jardin fleuri qui sépare la redoute Dauphine de l'ancienne maison des officiers, jardin qui est par son calme et son ouverture sur les lointains un lieu propice à la méditation, je sentis ce jour-là une autre présence, celle du lieutenant-colonel James Pattison Cockburn qui, à titre de commandant de l'Artillerie royale, résida avec sa famille, de 1828 à 1831, dans les casernes de l'Artillerie. Cockburn, malgré ses fonctions insignes, a laissé son nom à l'histoire de la ville non pas comme héros militaire, mais comme artiste. La centaine de dessins et d'aquarelles qu'il a réalisés pendant son séjour à Québec composent une image si précise et si évocatrice de la ville et de ses environs qu'ils permettent à eux seuls la plus instructive et la plus captivante promenade que je connaisse. Quelle ville habiterions-nous si des artistes et des poètes n'avaient extrait, dans leurs œuvres, la quintessence de ses couleurs et de ses formes?

Ces pensées me ramenèrent à mon projet d'écriture. Peu à peu je vis mon

Cette aquarelle de Cockburn qui date de 1829 montre le champ de manœuvre de l'Artillerie royale. On reconnaît, à droite, la redoute Dauphine et, au fond, le jardin des officiers.

Artillery Barrack Yard, 1829. Aquarelle de James Pattison Cockburn ©Toronto, Royal Ontario Museum (951 x 205,6)

La maison verte est feuillage. Le toit, miroir d'azur, est audace poétique.

Comment arriverai-je à rendre compte de cet ordre secret qui unifie toutes les réalités si je ne réussis pas à capter, derrière l'apparence des décors et dans la multitude des objets quotidiens, ne serait-ce qu'une infime parcelle de beauté ? En fin de compte, c'est de cela qu'il est question : faire écho à la définition que Baudelaire donnait de la beauté et tenter de saisir, puis de faire voir *l'infini dans le fini.*

Où est la beauté de Québec ? Elle est bien sûr dans les photographies de Luc-Antoine Couturier, comme elle est parfois

Rue Couillard pour le regard. Rue Saint-Jean pour l'entregent.

livre comme la ville elle-même et je me disais : ce livre, j'aimerais qu'on puisse s'y promener, y suivre des itinéraires sans autre but que celui de faire des découvertes, qu'on puisse, au détour d'un paragraphe ou même d'une phrase, s'arrêter dans un coin de verdure où la pensée se déleste des bruits et des contraintes pour se peupler de visions. J'aimerais qu'on y découvre des arbres derrière les murs et sous les arbres des gens capables de voir des lueurs au fond de l'ombre et l'unité de tout ce qui vit. J'aimerais qu'on y devine un ordre analogue à l'ordre même de la ville, puisque toute ville digne de ce nom, comme les meilleurs livres, propose, selon les mots du poète, un ordre dans le désordre du monde.

Qui donc disait: « S'aimer, ce n'est pas se regarder l'un et l'autre. C'est regarder tous les deux dans la même direction. » ? Je dirais plutôt: S'aimer, c'est se regarder l'un et l'autre, dans la même direction.

dans les œuvres de tous les artistes qui ont travaillé à fixer le climat particulier de la ville. Elle est dans la ligne d'un toit prolongeant l'harmonie de certaine rue, laquelle harmonie n'est pas sans rappeler ce qui passe entre les regards des deux personnes assises sur le banc public. Elle est dans les fenêtres fleuries, elle est dans le fondu des lumières pendant que la neige, un soir de décembre, enveloppe le gris de la ville. Elle est dans ces grandes volées d'oies des neiges qui emplissent le ciel, à la mi-avril, et qui offrent un des spectacles urbains les plus émouvants de la planète. Elle est dans les rapports que le fleuve entretient avec le dessin des rues, dans le rapprochement qu'un être sensible peut établir entre la couleur d'un toit et le dos des Laurentides, entre la nef d'une église et le navire débouchant à la pointe de l'île d'Orléans. Elle est surtout, la beauté, dans ces liens invisibles qui se tissent entre les choses et les gens, elle est dans ce qui arrive quand le regard traverse les apparences et qu'on réussit à donner forme aux visions qui nous fondent.

La terrasse Dufferin

Le 24 janvier 1834, le château Saint-Louis, qui sert de résidence depuis près de deux cents ans au gouverneur, brûle. Quatre ans plus tard, l'administrateur colonial, lord Durham, fait raser les ruines du château jusqu'aux fondations, niveler le terrain et construire une pittoresque promenade appelée « plateforme ». Auparavant, seul le gouverneur, de la terrasse du château, pouvait contempler le panorama. Cette première terrasse publique, bordée d'une balustrade en bois, est d'abord sur la terre. Bientôt, cependant, on couvre le plancher de madriers et on refait le garde-fou en métal.

La popularité de la première terrasse entraîne rapidement sa restauration et même son allongement en 1854. Le chroniqueur et auteur James Macpherson Le Moine a chanté, en 1872, la beauté du coup d'œil. « Un soir d'été, lorsque la Plateforme est couverte de flâneurs, que Lévis se parsème de lumière, que la basse-ville illumine ses rues étroites, ses longues lucarnes, et laisse monter la vive rumeur que fait le mouvement des affaires, que l'on distingue sur les eaux les grandes ombres des navires qui louvoient dans le port: la scène est d'une animation merveilleuse. »

Durant les années 1870, l'affluence croissante des résidants de Québec et des visiteurs mène aux propositions les plus diverses pour allonger la seconde terrasse Durham. Finalement, en 1878, on réalise le projet du gouverneur général, lord Dufferin, et de l'architecte Charles Baillairgé, qui proposent une très longue promenade, intégrée à l'enceinte de la ville, ornée de cinq kiosques et de lampadaires de fonte inspirés du mobilier urbain créé à Paris sous le règne de Napoléon III. Lord Dufferin lui-même considérera qu'ajoutée à l'imposante citadelle et à l'enceinte pittoresque, cette terrasse donnera à Québec une allure tout à fait unique, du cap Horn au pôle Nord.

Les travaux de construction de la terrasse Dufferin menés par la Ville débutent à l'automne 1878. Dix mois plus tard, le 9 juin 1879, en présence du nouveau gouverneur général, le marquis de Lorne, de la princesse Louise, fille de la reine Victoria, et d'une

foule que les journaux évaluent à 10 000 personnes, on ouvre officiellement au public la nouvelle terrasse, longue de 671 mètres.

On ne cesse, depuis ce temps, de fréquenter ce lieu de promenade agréable, tantôt pour des événements d'apparat, comme l'inauguration du monument à Champlain, le 21 septembre 1898, ou l'arrivée du prince de Galles pour les fêtes du tricentenaire de Québec à bord de l'*Indomittable*, tantôt pour simplement y flâner et prendre plaisir à voir jusqu'où porte la vue.

À l'extrémité ouest, les glissades de la terrasse, en hiver, réjouissent jeunes et moins jeunes depuis une centaine d'années.

J. P.

Source : Pierre Beaudet, dir., *Les dessous de la Terrasse à Québec*, Septentrion (Sillery), 1990, p. 171-180.

Le parc de l'Artillerie

Situé dans la partie nord-ouest du Vieux-Québec et occupant tout l'espace qui longe les fortifications entre la porte Saint-Jean et la côte du Palais, le parc de l'Artillerie rappelle l'histoire militaire de la ville, la vie sociale des garnisons qui s'y sont succédé et celle des habitants de la côte du Palais.

D'abord capitale du grand empire français en Amérique, qui va de Terre-Neuve au golfe du Mexique, la ville de Québec apprend avec stupeur, en 1745, la chute de Louisbourg. Aussitôt, la population s'affole: les Anglais et les Américains pourraient s'amener à Québec. On réclame une enceinte. Le 12 août, réunis au château Saint-Louis, le gouverneur, l'intendant, l'évêque, les principaux officiers et quelques marchands confient séance tenante à l'ingénieur du roi en Nouvelle-France, Gaspard-Joseph Chaussegros de Léry, la tâche de fortifier Québec. Mais les travaux traîneront en longueur, car on ne s'entend pas sur les sommes à investir. De Léry arrive cependant à construire un mur de maçonnerie comptant six bastions et fermant la ville du côté ouest, depuis les hauteurs du cap Diamant jusqu'à l'embouchure de la rivière Saint-Charles. À l'intérieur de ce qui est aujourd'hui le parc de l'Artillerie, il complète la construction de la redoute Dauphine, entreprise en 1712, qui pourra loger une centaine de soldats. Puis, entre cette redoute et le mur qui longe l'escarpement face au palais de l'intendant, il élève les Nouvelles Casernes, le plus long bâtiment militaire construit par les Français en Amérique. Une partie de cet édifice sert alors de caserne aux troupes franches de la Marine, compagnies d'infanterie responsables de la protection des colonies françaises, et l'autre partie est utilisée comme entrepôt.

Avec l'arrivée de l'armée britannique en 1759, les Nouvelles Casernes continuent de servir de logement militaire et d'entrepôt. À compter de 1785, les artilleurs du régiment Royal Artillery occupent la majorité de l'espace, et l'ensemble devient «the Artillery Park», d'où le nom actuel de parc de l'Artillerie. Au cours de l'occupation britannique du parc de l'Artillerie, on construit aussi une boulangerie près de la caserne Dauphine vers 1785, une poudrière vers 1806,

l'entrepôt d'affûts de canon en 1815, le logis des officiers en 1818 et le corps de garde en 1832.

Après le départ de l'armée anglaise en 1871, le parc de l'Artillerie devient la propriété du gouvernement fédéral, qui y installe en 1882, dans les Nouvelles Casernes, la Cartoucherie de Québec, qu'on appelle officiellement, à compter de 1901, l'Arsenal du Dominion. Lors du premier grand conflit mondial, cette fabrique de munitions joue un rôle majeur dans l'effort de guerre du Canada. Au cours de la Deuxième Guerre mondiale, les locaux de l'Arsenal ne suffisent plus à la demande et on ouvre alors deux nouveaux ateliers : l'un à Valcartier, au nord de Québec, l'autre près des quartiers ouvriers de la basse-ville, à Saint-Malo. Enfin, en 1964, on ferme l'atelier du parc de l'Artillerie.

Depuis 1971, Parcs Canada mène une imposante recherche historique et archéologique sur le parc de l'Artillerie et travaille à sa restauration et à sa mise en valeur. Cela s'explique par le fait que ce lieu historique est une partie intégrante du système défensif de la ville de Québec mis en place à l'époque coloniale.

J. P.

Source : Martin Guay, *Le parc de l'Artillerie*, Parcs Canada, 1999, 24 pages.

Une minute dans l'opulence veloutée de cette lumière vaut bien quelques jours de vie mate.

L'esprit de Coulonge

Il dépend de celui qui passe que je sois tombe ou trésor.
Ceci dépend de toi, ami, n'entre pas sans désir.

Paul Valéry

On n'a pas idée de tout ce que recèle le parc du Bois-de-Coulonge; on n'a pas idée de la variété de ses formes et de ses couleurs, des points de vue qu'il ménage, de la multiplicité de ses zones d'ombre, de la qualité de sa lumière; on n'a pas idée surtout de sa perspective historique et des rencontres qu'on peut y faire, pour peu qu'on s'abandonne à cette ouverture de fantaisie qui est le premier atout du promeneur. Il suffira, pour vous en convaincre, que je raconte ce qui m'est arrivé en cette fin d'après-midi de printemps où me vint le désir de plonger, sans quitter la ville, dans des bois, de circuler parmi des fleurs, de me gorger de vert, d'écouter la première musique de la terre et de voir le fleuve couler vers l'aval de Québec ou remonter vers l'amont des grands ponts.

Comme d'habitude je garai ma voiture dans le stationnement pavé, en bordure du chemin Saint-Louis, et m'engageai sur le sentier qui s'enfonce au cœur du bois touffu. Est-ce la présence de ces très grands arbres, pins parmi les hêtres, érables à côté des frênes? Est-ce la pluie des flèches de lumière arrosant le tapis

des jeunes pousses ? Ou bien les poursuites nerveuses des écureuils, le chant profond des tourterelles tristes, le rire triomphal des pics flamboyants ? Toujours est-il que tout de suite me visita ce bien-être que seule procure la marche en forêt: mon esprit, allégé, se déploya vers les hauteurs. Je ne ressentais nul besoin de me dire que ce bois n'était pas un vrai lieu sauvage; la rumeur de la ville et du port n'arrivait pas à altérer la simple joie d'être là, de circuler parmi les arbres de tout âge, attentif à ce que peut offrir un lieu comme celui-ci, un des seuls, si près de la vie urbaine, à pouvoir vous prodiguer un air sylvestre de première fraîcheur.

Je pris tout le temps de humer ce qu'il y avait à sentir, de voir ce qu'il y avait à regarder. Le sentier déboucha sur un grand massif de rhododendrons composé d'espèces rares, mais surtout de celle, plus familière, à grandes feuilles persistantes donnant en mai ces fleurs opulentes et vaporeuses comme des tutus. J'en étais à me rincer l'œil de toutes ces couleurs quand je remarquai, sur un banc proche, un homme occupé à dessiner dans un cahier posé sur ses genoux. Je le reconnus tout de suite à sa grande taille, à sa maigreur, à sa chevelure blanche, à ses yeux vifs dans un visage empreint de bonté. À ma raison qui me conseillait la retenue, je dis : « Un peu de poésie, voyons ! » et me décidai : « N'êtes-vous pas le peintre René Richard ? »

– Ah, si vous me posez la question, c'est que vous savez que j'ai quitté votre monde des vivants il y a plus de dix ans.

Il ouvrit ses longs bras en un geste d'accueil et me lança, avec le sourire : « Venez donc vous asseoir. Causons un peu. »

– Merci. Hum… Je connais un peu votre œuvre. Je sais que votre inspiration vous a porté surtout vers la grande forêt, le Grand Nord, les rivières, les campements au pied des montagnes secrètes. Pourquoi le Bois-de-Coulonge ?

Dans un monde réconcilié, les seules explosions seraient de fleurs.

– Peut-être vous le dirai-je. Pour le moment je vous invite à regarder ces grands résineux dont les branches nous surplombent de si haut. Ne trouvez-vous pas que toutes les espèces de pins ont quelque chose d'irréel ? On dirait qu'ils sortent d'un tableau, qu'ils ont été

Chaque fleur apporte le parfum d'un lointain pays. La tulipe, calice de flammes oscillant sur une hampe à deux oreilles, la grégaire au cœur d'azur, dit le vaste ciel de Hollande, l'horizon qui file en terre comme en mer.

dessinés avant que de s'élancer dans le ciel. Je connais peu d'endroits où de si beaux arbres protègent de si belles fleurs. Maintenant que je suis sur l'autre versant du temps, je m'essaie à peindre ce qu'il y a de plus difficile : l'eau. Comment rendre reflets et transparence de ce qui en bougeant fuit sans cesse ? Comment rendre le mouvement dans une œuvre immobile ?

– Bien sûr. Mais l'eau, vous connaissez. Vous avez passé une partie de votre vie dans un canot.

– Et vous vous étonnez de me trouver ici, dans un parc !

– Je n'osais pas vous le dire…

– Vous savez sans doute que vivre sans ami, c'est oublier que le soleil luit. C'est l'amitié qui la première fois m'a amené ici, dans les années qui ont suivi l'incendie du château, en 1966. Le lieutenant-gouverneur du temps s'adonnait dans ses temps libres à la peinture et se passionnait aux récits de mes nombreuses expéditions nordiques. Il lui arrivait de me téléphoner à Baie-Saint-Paul. Il me disait : « René, j'ai besoin de fraîcheur et de poésie, je t'envoie mon chauffeur. » La longue limousine venait me prendre et m'amenait ici, à Sillery, où il m'arrivait de passer deux jours seul avec mon hôte, à raconter mes aventures. Nous venions souvent nous promener dans le parc. Ces moments-là sont éternels. Voilà sans doute pourquoi vous me trouvez sur ce banc à cette heure. Et vous, cher monsieur ?

– J'aime bien, de temps à autre, en fin d'après-midi, venir au Bois-de-Coulonge faire « un tour d'appétit », comme dit Philippe Aubert de Gaspé.

Certains lisent les fleurs comme des histoires. D'autres herborisent dans le jardin toujours vert des volumes.

– Tiens! Il est étrange que vous prononciez son nom: je l'ai rencontré ce matin-même.

– Ah bon…

– Je me trouvais dans le kiosque du belvédère, tout en bas, près de la falaise, là où on a planté ces fleurs d'un bleu si émouvant, les campanules. Sur mon banc, je dessinais le fleuve et ses remous, la côte de Lévis où vient flamber la lumière déclinante, la perspective qui fuit jusqu'aux douces Appalaches, et j'ai vu arriver un vieillard encore alerte, portant redingote et cravate nouée sur un col raide enserrant un visage à la fois renfrogné et pince-sans-rire. Cheveux et barbe peignés comme par un vent soufflant d'arrière. Tout de suite il s'est présenté: «Aubert de Gaspé, seigneur de Saint-Jean-Port-Joli». J'étais heureux de faire sa connaissance puisque comme tout le monde j'ai pris plaisir à lire *Les Anciens Canadiens*.

– Je ne savais pas que cet auteur classique avait encore ses habitudes au Bois-de-Coulonge.

– En tout cas il m'a raconté une plaisante histoire. Une histoire qui nous ramène à l'année 1810, au moment où le domaine s'appelait Powell Place, du nom du brigadier en chef de Québec qui y avait fait construire une superbe villa. Je ne saurais vous dire comment il se fait que les lieux étaient habités cette année-là par le gouverneur James Craig, mais toujours est-il que ce haut personnage, qu'on surnommait « le petit roi » – rappelez-vous que cette même année il avait fait emprisonner vingt personnes travaillant au journal *Le Canadien* – organisa un dimanche de juillet une grande fête champêtre qui réunit le fin gratin de la bonne cité de Québec. C'est ainsi que le seigneur de Port-Joli, alors âgé de vingt-cinq ans, se retrouva parmi les invités. Le gouverneur avait fait installer, devant la résidence, avec vue sur le fleuve, une spacieuse plate-forme de madriers polis où d'abord on déjeuna en petits groupes et où, vers les dix heures, un aide de camp claironna : « Gentlemen, take your partners ! » Le bal commença. Ici, cher monsieur, je me dois de vous rapporter la grande émotion qui colora le visage de mon interlocuteur au moment où il évoqua – et je vous restitue fidèlement ses paroles – « celle même, la belle d'entre les belles, celle qui a partagé mes joies et mes douleurs, celle qui ce jour même accepta la première fois pour la conduire à la danse une main qui, deux ans plus tard, devait la conduire à l'autel de l'hyménée ».

– Voilà qui est joliment exprimé.

– On n'en attend pas moins d'un homme reconnu pour sa verve et son talent.

– C'est tout ce qu'il vous a raconté ?

– Oh non. Il m'a dépeint un tableau si vivant de ce qui s'est passé par la suite que je vois encore la scène. Vers la fin de l'après-midi, le son d'un cor se fit entendre aux limites du domaine. Le gouverneur pria alors ses invités de le suivre sur un sentier pratiqué dans la forêt encore vierge. Ce sentier déboucha soudain sur une oasis bienfaisante où, sous un dôme de feuilles de différentes espèces, on avait dressé une table immense. Et c'est avec humour que M. de Gaspé me raconta que le chef de cuisine, M. Petit, s'était surpassé pour l'occasion. Il me dit : « Comme Vatel, il se serait percé le cœur s'il n'eût recueilli les plus grands éloges sur l'ordonnance du festin dont son généreux patron l'avait chargé. » Voilà. C'est cette fastueuse journée de 1810 qui explique la présence de l'écrivain au Bois-de-Coulonge. Vous voyez quelle place occupent dans une vie les débuts d'un amour au long cours. Il n'y a que cela, d'ailleurs, l'amour, l'amitié, c'est-à-dire la bonté, il n'y a que cela qui ne meurt pas.

René Richard rangea ses crayons de couleur et se leva. Je me levai à mon tour. « Une des plus belles réussites dans la vie, ajouta-t-il, c'est de suivre une route qui nous mène vers les vrais amis. » J'avais déjà fait quelques pas quand de nouveau j'entendis la voix du peintre : « Ouvrez bien les yeux si vous allez du côté de l'allée d'ombre. J'y ai rencontré l'autre jour deux personnages fort singuliers. Connaissez-vous Henry Atkinson ?

– Je sais qu'à l'époque où le nom de Spencer Wood avait déjà remplacé celui de Powell Place, autour de 1840, Henry Atkinson était propriétaire. Ce riche marchand avait embelli et le château et le domaine, il en avait même fait un des hauts lieux de l'horticulture en Amérique, réalisant des plantations célèbres dans tout le monde anglo-saxon. Je sais aussi qu'il reçut ici même des visiteurs de très grande réputation.

– Eh bien, je vais vous confier ceci : le jour où je l'ai aperçu, M. Atkinson déambulait en compagnie de ce très grand artiste, que personne n'a jamais égalé dans la représentation des oiseaux : James Audubon.

Comme si le bouleau avait franchi la clôture pour se recommencer.

– James Audubon a déjà foulé ces mêmes chemins où nous sommes maintenant ?

– La chose m'a été d'ailleurs confirmée par M. de Gaspé qui connaissait fort bien un certain Martyn, horloger de profession, qui tenait boutique rue Saint-Pierre. C'est chez cet homme, ornithologue accompli, que James Audubon logea durant son séjour à Québec, en 1842. Comme vous pouvez le constater, ce parc du Bois-de-Coulonge a beaucoup à nous apprendre. Soyez aux aguets !

Aux aguets, je l'étais en pénétrant dans l'Arboretum, une des parties les plus

Dans la boucle du sentier

Entre deux pommetiers

Une pensée m'est venue

Qui parlait de métier.

calmes, les plus attrayantes de ce parc qui en contient plus d'une. Ce secteur protégé abrite un microclimat qui permet la survie d'arbres rares, non rustiques dans la région de Québec, comme cet étonnant pommetier Snowcloud, grand candélabre végétal dont les branches en flambeau portent au printemps une bourrasque de fleurs blanches du plus saisissant effet. Suivre le sentier tracé en boucle à travers ces arbres de taille modeste, faits pour embellir les jardins particuliers, permet de saluer au passage les aubépines, le catalpa, le magnolia Merril, premier arbre à fleurir à Québec, les marronniers vêtus de grandes étoiles tranquilles et de « tours de fleurs », le mûrier blanc pleureur et toute une école d'arbres fruitiers, comme les sept espèces de pommetiers, les cerisiers et les sorbiers, tous prodigues en mai de magnificence et de lumière. Je m'arrêtai finalement devant le chicot du Canada, gros févier, dont chaque feuille, avec ses quatre-vingts folioles, constitue à elle seule un véritable dessin chinois. Étrangement, c'est en Chine que pousse la seule autre espèce de gros févier au monde.

L'après-midi penchait vers le soir; je me préparai à quitter le parc. Je m'engageai dans l'allée d'ombre, puis dans celle du belvédère qui contourne les anciennes écuries devenues bâtiments de l'administration. Je décidai de regagner ma voiture en suivant l'allée royale, longue voie rectiligne pratiquée dans une futaie d'ormes, de chênes et d'érables formant une incomparable nef de haute verdure. Ma pensée allait vers les premiers habitants du domaine qui, il y a plus de trois siècles, empruntaient cette même allée ouverte dans la forêt originelle. Je pensais aux visiteurs de mainte condition qui tous ont éprouvé le même plaisir à déambuler dans cette voie baignée d'ombre, de fraîcheur et d'exquise lumière. Il y eut tout à coup une telle paix, un tel silence, que l'atmosphère, en se dilatant, prit cette teinte étrange qui nous fait entrer dans l'intemporel. Et alors j'ai vu. J'ai très bien vu Alphonse Allais, ce maître du comique absurde et mystificateur, né à Honfleur en 1854, marcher en compagnie de trois hommes, dont son ami Paul Fabre, fils du premier représentant du Québec en France. Je savais qu'Allais était venu à Québec à l'été de 1895 et que son ami l'avait amené à Spencer Wood rendre visite au lieutenant-gouverneur Adolphe Chapleau, un des hommes politiques les plus cultivés de son époque. Je l'ai vu, oui, mon cher Allais, coiffé d'un canotier, portant costume pied-de-poule, guêtres et canne à pommeau. Il était en si vive conversation avec ses amis que je n'ai pas jugé bon de m'imposer. Ce qui ne m'a pas empêché de l'entendre lancer haut et fort cette phrase toute représentative de sa manière: « Si jamais je deviens riche, ce qui ne peut beaucoup tarder, étant donné l'immense fortune de ma nouvelle maîtresse, je ferai l'acquisition d'un parc, d'un grand parc comme celui-ci, avec des arbres centenaires. »

– Centenaires? Et s'il n'y en a pas? objecta un de ses compagnons.

– S'il n'y en a pas, fit Allais d'un air faussement flegmatique, j'en planterai!

Ruines d'un jardin d'hiver dans la vie d'un jardin d'été.

Le parc du Bois-de-Coulonge

Le parc du Bois-de-Coulonge, à Sillery, tient son nom de Louis d'Ailleboust de Coulonge et d'Argentenay, deuxième gouverneur en titre de la Nouvelle-France, de 1648 à 1651. À sa retraite en 1651, d'Ailleboust et son épouse, Marie-Barbe de Boullogne, se retirent dans leur propriété de Coulonge, située à une lieue de Québec et à laquelle on accède par ce qu'on appelle déjà la Grande Allée. Le gouverneur a acheté la terre de Coulonge, le 17 octobre 1649, de Nicolas Gaudry, dit Bourbonnière. Il fait construire une demeure sur ce domaine, qu'il s'emploie, les années suivantes, à agrandir et à embellir.

Le bois de Coulonge passe entre les mains du Séminaire de Québec en 1676 et est à nouveau agrandi dix ans plus tard. En 1766, Joseph-Antoine Olry, l'un des premiers Canadiens à recevoir une commission d'avocat après la levée du serment du Test, acquiert le domaine de 124 acres. Le bois de Coulonge devient en 1790 la propriété du receveur général Henry Watson Powell, qui y fait construire une vaste résidence et en change le nom pour Powell Place. En 1796, le riche constructeur et propriétaire de navires Patrick Beatson devient propriétaire du domaine contre la somme de 500 £ comptant et la promesse d'un versement ultérieur de 1 500 £. À la fin des années 1790, Beatson vit confortablement dans sa maison longue et basse où il a installé son cabinet de travail, et dessine, comme il est un des rares à la faire, les plans des navires qu'il construit.

Les murs de sa résidence sont couverts de peintures et de gravures représentant des scènes marines, des vaisseaux et des héros de la mer. Pendant l'hiver, il cultive, dans une serre chauffée, des fleurs, dont il garnit sa maison l'été. Être curieux qui s'intéresse à beaucoup de choses, il s'amuse d'inventions telles qu'une chambre noire et une lanterne magique.

En 1811, Michael Henry Percival, nouveau propriétaire des lieux, change le nom de Powell Place pour Spencer Wood, en l'honneur d'un parent, Spencer Perceval, le premier ministre de Grande-Bretagne assassiné en 1812. En 1833, Henry Atkinson, riche négociant et premier président de la Société d'horticulture de Québec, achète Spencer Wood et entreprend de transformer la résidence. Au corps de logis et aux annexes existantes, Atkinson ajoute des ailes latérales plus imposantes et des passages couverts, le tout derrière une colonnade. Il retient également les services d'un jardinier anglais, Peter Lowe, qui élabore un jardin pourvu de fontaines, de haltes rustiques dans le sous-bois, d'un boulingrin, et de serres à raisins et à fruits exotiques.

En 1849, le gouvernement du Canada-Uni achète le domaine pour en faire la résidence du gouverneur général. Malheureusement, la villa est rasée par les flammes en 1860. Reconstruite selon les plans des architectes des Travaux publics, la nouvelle demeure, plus sobre que la précédente, ressemble davantage à une caserne qu'à une résidence officielle. C'est un long bâtiment rectangulaire, avec une avancée centrale, qui comporte un étage sur rez-de-chaussée. Il faut savoir qu'au moment de la reconstruction, la décision de relocaliser la capitale canadienne à Ottawa est déjà prise et l'édifice, destiné à devenir une résidence temporaire, sans grand avenir.

Spencer Wood, 1939.
Archives nationales du Québec à Montréal (06-M-P16/19, P29)

En 1890, la villa est cédée au gouvernement du Québec, qui en fait la résidence du lieutenant-gouverneur. De 1910 à 1916, le gouvernement entreprend des transformations à la résidence vice-royale afin de lui conférer un cachet plus officiel. On lui donne un décor néo-grec, inspiré de l'architecture des édifices fédéraux américains, dont la Maison-Blanche, avec en façade un portique monumental, formé d'un entablement supporté par quatre colonnes doriques. C'est cette résidence qui sera détruite par le feu en 1966, 16 ans après qu'une loi aura changé son nom officiel de Spencer Wood en celui de Bois-de-Coulonge.

Depuis 1966, le parc du Bois-de-Coulonge, accessible par le chemin Saint-Louis, est ouvert au public.

J. P.

Source : France Gagnon-Pratte, *L'architecture et la nature à Québec au dix-neuvième siècle : les villas*, Musée du Québec (Québec), 1980, 334 pages. Eileen Marcil, « Patrick Beatson », *Dictionnaire biographique du Canada*, Québec, Presses de l'Université Laval, tome IV (1980), p. 52 et suivantes.

Les grandes oies, aimantées
par le printemps du cap Tourmente,
voient de la ville ce que vous rêvez
depuis toujours d'apercevoir.

Voyage à partir d'une fontaine

Le moindre changement de point de vue donne
au monde entier un air de peinture.

Ralph Waldo Emerson

Existe-t-il au monde un autre lieu comme celui-ci, lié à l'histoire de tout un continent, un lieu où, dans un périmètre de cent huit hectares, coexistent un musée, une ancienne prison logeant livres et œuvres d'art, un champ de bataille, un jardin à la française, un terrain de sports, une forêt de cinq mille arbres représentant quatre-vingts essences, cent mille plants de fleurs, de larges avenues, des sentiers courant dans des bois primitifs, une citadelle étoilée, des monuments, cinquante pièces d'artillerie parfaitement obsolètes, un kiosque à musique, six cents bancs, cent cinquante tables à pique-nique, une fontaine monumentale, un casse-croûte, une cathédrale invisible, trois kilomètres de falaise offrant d'émouvantes perspectives sur un fleuve honorable, un lieu donc contenant tout cela et même un cadran solaire indiquant l'heure avancée de l'Est de mai à octobre.

Il m'est cher, ce lieu. J'y ai fait depuis quarante ans, en toutes saisons, des milliers de promenades qui toujours m'ont octroyé de larges minutes de contemplation. Et quand je veux montrer à

D'où viens-tu, où vas-tu
sur le sentier du temps?
demande le cadran du soleil.
Ce qui monte de la fontaine
est le miroir de ce qui coule
du lampadaire.

quelque ami venu de loin des beautés rares, c'est ici, sur les hauteurs d'Abraham, sur les Plaines, comme on dit le plus souvent, que je le conduis.

Une vraie bonne promenade dans le parc ne peut pour moi se concevoir sans une halte devant le cadran solaire installé depuis dix ans à proximité de la fontaine de la Confédération que je nommerais pour ma part la fontaine aux fusains de feu, en hommage aux arbustes environnants qui en automne flamboient. Cet endroit me plaît non seulement parce qu'il est le seul à procurer une certaine étendue d'eau, devenant ainsi un attrait pour maints passereaux, mais parce que chacun des 360 degrés d'une observation circulaire découvre un point de vue inoubliable.

Je ne suis pas sans savoir que ce lieu est depuis longtemps lié à l'étude du temps: le temps qu'il fait et le temps qui nous fait. Une maison à deux étages y est construite en 1850 pour loger un fonctionnaire chargé de communiquer l'heure juste et les prévisions météorologiques aux navires filant vers la haute mer. Comme cette précision dans le marquage des heures reposait sur l'observation des étoiles, on a eu l'idée d'adjoindre au bâtiment originel une tour carrée dont la coupole portait un télescope réfracteur assez perfectionné pour l'époque. Trois générations d'astronomes y vinrent épier le ciel nocturne, jusqu'à la démolition de toutes ces constructions en 1936. N'en subsiste que le souvenir. C'est grâce à lui sans doute que l'on doit l'installation, en 1987, du cadran solaire devant lequel je suis posté en ce moment.

Je remarque que le style créant l'ombre indicatrice des heures est orienté franc nord. S'il y a un point cardinal propre à m'aimanter et à me faire voyager en esprit, c'est bien le nord. Et le nord, pour moi, c'est l'Arctique, terre des confins inondés de lumière et de silence, terre de glaciers porteurs, en été, d'eaux limpides comme du cristal, terre des peuples habiles, terre des grandes expéditions, comme celle où s'est illustré mon compatriote, le capitaine J. E. Bernier. Je tourne la tête et je vois, tout près, l'ancienne prison de Québec où le capitaine a été, pendant quelques années, à la fin du dix-neuvième siècle, directeur. Je sais que c'est là, dans son bureau, qu'entouré de livres et de cartes, il a préparé son premier grand voyage polaire.

La ligne imaginaire qui relie le style de métal et le pôle Nord, j'aime à penser qu'elle rencontre sur sa trajectoire un autre cadran solaire, celui qu'on a fixé

Du haut de mon arbre, je vois toujours les ponts qui nous unissent.

Dans la paix du cheval, les bancs attendent sans l'ombre d'un doute.

en 1773 sur un mur du Petit Séminaire, au cœur du Vieux-Québec, et qui porte cette inscription: *DIES NOSTRI QUASI UMBRA*. Sans doute nos jours passent-ils comme des ombres, mais les cadrans solaires disent plus que la fuite du temps. Ils évoqueraient plutôt le temps pur, sans règles ni horloges, le temps qui au lieu de passer s'étale et pour ainsi dire s'accumule. Ils disent aussi: prends le temps de vivre dans la lumière de l'instant, et pour cela ouvre tes sens, regarde, regarde vraiment.

Je suis donc là, en ce clair après-midi du début d'octobre, à réfléchir sur la nécessité d'acquérir un regard neuf quand me revient à la mémoire le conseil du philosophe pour qui le simple fait de se pencher et de regarder le paysage à travers ses jambes transfigure un lieu devenu avec le temps trop familier. L'endroit exact où cette pensée me visite, où d'ailleurs j'exécute le geste proposé, vous le trouverez aisément. En remontant l'allée qui mène de la fontaine à l'avenue George-VI, arrêtez-vous à mi-chemin, tournez-vous vers l'est et postez-vous entre le cormier et le pin rouge, deux arbres touchant presque la bordure de la voie. À votre gauche vous apercevez un érable rouge flanqué d'un micocoulier, ou *bois inconnu*, une essence atteignant à Québec sa limite de rusticité. À ce moment précis, laissez votre regard glisser sur plusieurs centaines de

J'y ai vu des déjeuners sur l'herbe lents comme le flux du fleuve, abandonnés dans la fraîcheur des ombres.

mètres, de valonnements en talus, jusqu'au sommet de l'élévation où pointent à droite la tour Martello n° 1 et à gauche l'hôtel Le Concorde. Et maintenant, avancez.

Très vite vous vous retrouvez sur le tertre où prospère, depuis l'origine du parc, un des plus sains bouleaux blancs que je connaisse, un arbre au noble port, déployant dans la clarté automnale une ronde frondaison solaire. Ici même, au petit matin du 13 septembre 1759, se déployaient les grenadiers de Louisbourg qui formaient la droite de la ligne des Habits rouges. Chaque fois que je me retrouve sur ce mamelon gazonné, je ne peux m'empêcher de penser à un de mes maîtres en littérature, l'américain Henry Miller qui proposa dans son ouvrage,

Seul le réel est vraiment magique.

Les Livres de ma vie, un chapitre intitulé : *La Plaine d'Abraham.* (Pourquoi ce singulier ? À cause, sans doute, de « Waterloo, morne plaine »…) J'avais été surpris, à l'époque, d'y lire que l'auteur, un matin, au réveil, avait l'esprit plein de Montcalm et de Wolfe « aux prises là-haut, près du toit du monde ». Où était donc le toit du monde ? À Québec ? Je sais que Miller passa quelques jours de vacances à Québec, en mars, au milieu des années trente et qu'il y souffrit du froid, mais je sais aussi qu'il découvrit, dans un petit hôtel confortable, les meilleurs vins français et une cuisine qui le ravit. Quoi qu'il en soit, j'avais été moins étonné de découvrir dans son livre que Miller considérait la bataille de Québec comme une des quinze batailles décisives de l'Histoire, pour cette simple raison qu'avec une victoire des Habits bleus, l'Amérique du Nord aurait été française, ce qui, à l'évidence, aurait modifié le destin culturel de tout le continent.

C'est en rêvant au destin des peuples que je descends vers l'avenue Garneau qui s'ouvre en Y pour rejoindre l'avenue George-VI. Ce Y délimite un petit lieu intéressant que j'ai baptisé : le triangle aux trois mortiers. Lieu d'intérêt parce qu'y pavoisent des érables rouges en leur vigueur adolescente, des buissons de forsythias fleurissant jaune au printemps, de deutzias rosissant sous la canicule, mais aussi parce qu'il propose, à ses pointes est et ouest, à égale distance d'un buste raide comme le socle qui le supporte, deux plaques sur pierres où sont indiqués le lieu exact de la mort de Wolfe et le fait d'armes du colonel français Poulariez qui, le matin de la bataille, fut « le premier à l'attaque et le dernier à se replier devant le feu meurtrier ». Chacun des angles du terrain porte un petit canon trapu, qui est l'ancêtre du mortier.

La traversée de l'avenue Garneau, en direction nord-est, me fait rencontrer un des arbres les plus singuliers du parc, cet olivier de Bohême auquel chaque année de son grand âge a donné un tronc torturé, aux branches tout aussi noueuses, constellées en automne d'olives naines et de feuilles pâles, longues et étroites, que les premières neiges n'arrivent pas à emporter. L'arbre forme un dôme sous lequel il est plaisant de passer pour poursuivre ma route en ayant soin de plonger mes yeux dans le feuillage des physocarpes, des chèvrefeuilles et des cornouillers que les horticulteurs ont choisis pour entourer l'arbre d'âge vénérable.

Puis je commence à gravir la pente douce de la longue pelouse, en saluant au passage deux érables rouges et trois ormes qui atteindront leur maturité au milieu du prochain siècle. Avant d'atteindre les trois grands arbres centenaires, deux ormes d'Amérique et un érable argenté, merveilles de ce lieu, je m'assieds un moment sur le banc dont la situation et l'orientation sud-ouest permettent d'évaluer le chemin parcouru et surtout de jouir d'une large vue sur la fontaine, le Musée, le fleuve et toute une partie du parc. C'est alors que je remarque sur ma gauche un poteau blanc supportant une maisonnette d'oiseaux à plusieurs logements. Ce nichoir collectif déjà ancien, on l'a installé à l'époque où les hirondelles pourprées acceptaient encore de nicher dans les limites de la ville de Québec. Je les ai vues en grand nombre, ici même, en 1972, l'année où j'entrepris d'étudier sérieusement les oiseaux, choisissant le parc des Plaines comme premier territoire d'observation. Chaque matin ou presque, levé aux petites heures, je quittais mon logis de la rue Aberdeen, traversais le parc pour atteindre le bord de la falaise recouverte d'un bois resté sauvage, où, parallèles au fleuve, des layons de terre battue circulent parmi des végétaux de toutes espèces.

Là, au moment des migrations printanières, j'ai fait connaissance avec les parulines, les pics, les moucherolles, l'oriole aux couleurs solaires; là, j'ai appris à distinguer le ramage claironnant du merle de celui, tout aussi sonore, du gros bec à poitrine rose; là, j'ai suivi, toute une heure, je m'en souviens, les vrilles ascendantes d'un grimpereau sur le tronc des arbres proches; là, plus d'une fois, une gélinotte huppée, qui sans doute nichait dans les fourrés, attendait que je la touche presque du pied pour jaillir dans une explosion de plumes grises et brunes; et là, pour la première fois de ma vie, j'ai vu le grand duc, figé à l'aisselle d'une haute branche, souffrir placidement les réprimandes criardes d'un commando de corneilles.

Ces souvenirs et ces pensées tourbillonnent encore en moi au moment où je quitte le banc pour continuer ma

Quatre hampes à fleur de terre pour signifier la plus haute lampe.

progression vers les hauteurs du parc et de la ville. Avant d'atteindre un autre palier, le terrain propose une légère dépression où croît une jeune plantation d'érables argentés. Je dois, au pied du talus, traverser des buissons d'aubépines, de chèvrefeuilles et de symphorines, arbustes qui produisent ces minuscules fruits blancs dont les oiseaux d'automne sont si friands.

Et me voici parvenu au point le plus élevé de la capitale. Les connaisseurs nomment encore Buttes-à-Nepveu cet espace occupé il y a trois siècles par la terre de Philippe Nepveu. Ils se souviennent aussi que cette élévation était le théâtre des exécutions capitales pendant les années qui ont suivi la Conquête. Marie Josephte, dite la Corriveau, y reçut en 1764 un châtiment que les militaires britanniques voulaient exemplaire.

Je vois sur ma droite la tour Martello, ouvrage défensif construit cinquante ans après la mort de Montcalm et qui ne servit jamais sinon à loger, pour un temps, un télescope chercheur d'étoiles. C'est à deux pas d'ici d'ailleurs, sur ma gauche, en bordure de la rue De Bernières, que s'est éteinte l'étoile du général français, le 13 septembre 1759. J'aime à croire que ses mânes, si tant est qu'ils reviennent parfois hanter les lieux, ne désavoueraient pas l'actuelle vocation de l'ancien champ de guerre, et même se pacifieraient en voyant les promeneurs d'aujourd'hui circuler sur le toit d'une cathédrale invisible! Cette vision, elle s'ouvre dans mon esprit chaque fois que je viens errer autour du jardin Jeanne-d'Arc. J'avouerai même que le plateau délimité au nord par le jardin à la française et au sud par la file rectiligne des quarante bancs regardant le fleuve, que ce plateau est pour moi, non seulement le toit de Québec, mais aussi un lieu de réflexion. Sous mes pieds, un réservoir d'acier, vaste comme une cathédrale, contient cent cinquante mille mètres cubes d'eau potable. Moi qui aime les fontaines, je suis bien servi. J'aime aussi prendre place sur un des quarante bancs vert et blanc, en fin de journée de préférence. Pendant que mon regard traverse la nappe frémissante du large fleuve, pendant qu'il suit l'embrasement de la Côte-du-Sud sous le soleil déclinant, pendant qu'il file jusqu'aux Appalaches fermant l'horizon, je laisse ma pensée glisser vers l'avenir où de grands défis attendent les habitants de cette ville, comme d'ailleurs une grande partie de l'espèce humaine. Un de ces défis, majeur, sera la préservation, sinon la production de l'eau pure qui non seulement fait le plaisir des sages, mais constitue l'aliment premier de tous les vivants.

Tout coulait. Le vert vers le bleu, le regard vers l'avenir. Le fleuve lui-même venait couler sur le bois des bancs.

Les plaines d'Abraham

L'appellation «plaines d'Abraham», qui apparaît dans les documents officiels à la fin du Régime français, viendrait d'Abraham Martin, dit l'Écossais, arrivé en Nouvelle-France dès 1617. Compagnon de Samuel de Champlain, de qui il reçoit un héritage substantiel, et premier pilote du roi au Canada, il s'installe bientôt sur le promontoire de Québec, du côté nord. Mais Abraham Martin, encore aujourd'hui, demeure un personnage assez obscur.

Sous le Régime français, les mentions se rapportant aux plaines d'Abraham laissent entendre, le plus souvent, qu'il s'agit d'une aire où paissent les animaux. À une époque ou à une autre, on y cultivera aussi du houblon, du maïs, des fruits variés et des asperges.

Le 13 septembre 1759, durant la nuit, les troupes anglaises, après avoir bombardé Québec pendant deux mois, arrivent à prendre pied sur les plaines d'Abraham. L'alerte est donnée à l'aube. Aussitôt, le marquis de Montcalm réunit à la hâte des soldats et des miliciens pour aller affronter les Anglais. Wolfe dispose de 4 400 hommes et Montcalm, de 4 500. À 10 heures, le général français ordonne d'engager le combat. L'affrontement principal dure moins d'une demi-heure. Du côté français et canadien, où les pertes sont trois fois plus considérables, c'est la débandade. Désormais, les Anglais sont maîtres de Québec, et ils le seront bientôt de tout le Canada.

Mais les fortifications de la ville ne les satisfont pas. À partir de 1785, l'ingénieur anglais Gother Mann élabore pour Québec un concept de défense en quatre points. Il faut compléter les remparts, protéger le devant de l'enceinte de De Léry par des ouvrages défensifs auxiliaires, construire une citadelle permanente et occuper les plaines d'Abraham. Les Britanniques exécutent le plan de Mann au cours des trois premières décennies du XIXe siècle, l'occupation des plaines se traduisant par la construction de tours Martello, qui visent à retarder l'avance de l'ennemi et à empêcher l'installation de batteries de canons susceptibles d'atteindre les remparts.

Toujours au XIXe siècle, une partie des plaines d'Abraham forme un espace très convoité par les grands propriétaires fonciers, qui rêvent de le subdiviser en lots. Mais les militaires les ont à l'œil et s'assurent du contrôle de chaque transaction. Ils vont même jusqu'à occuper les lieux, au besoin, quitte ensuite à indemniser le propriétaire si la cour l'ordonne. En fait, ils veulent tenir dégagé un corridor le long de la falaise, de façon à voir venir l'ennemi qui s'amènerait de l'ouest. À toutes fins utiles, les militaires créent, à ce moment-là, le parc des Champs-de-Bataille.

Au cours de la seconde moitié du XIXe siècle, l'affaiblissement de la position stratégique de Québec, l'évolution des techniques militaires et la volonté de la nouvelle confédération canadienne d'assurer elle-même sa défense mènent au départ de la garnison britannique. Que faire des fortifications et des plaines d'Abraham? Les projets sont nombreux et de tous ordres. Le gouverneur général, lord Dufferin, considère que les enceintes ont une haute valeur historique et qu'il serait honteux de les raser. Bien plus, il propose un plan d'amélioration et d'embellissement de Québec et le conseil municipal approuve, en fin de compte, son projet. C'est ainsi que la Ville, avec le consentement de Dufferin, élargit la Grande Allée en 1873.

Mais on s'inquiète de l'avenir des plaines, dont Dufferin souhaitait qu'on fasse un parc. Le site – du moins une partie importante de celui-ci – appartient aux Ursulines, qui l'avaient loué à l'armée. Au départ de la garnison, en 1871, le gouvernement fédéral en est devenu locataire. Une association se forme alors pour mousser l'idée d'un parc commémoratif. À la fin du siècle, comme le bail avec le gouvernement fédéral s'achève, les Ursulines annoncent leur intention de lotir leur vaste terrain pour le livrer à la construction domiciliaire. Un tollé s'élève, et les autorités fédérales convainquent les religieuses, en 1901, de se départir de leur terrain au profit de la Ville de Québec. Après de longues tractations, les Ursulines obtiennent que la propriété de Marchmount, un peu plus à l'ouest, leur soit donnée en échange des plaines, qu'on les exempte de taxes à perpétuité et qu'on leur fournisse gratuitement un certain nombre de services.

Devenue propriétaire des plaines d'Abraham, la Ville ne se livre pas pour autant, à l'aménagement d'un parc. Aussi donne-t-elle, en 1908, le terrain à la Commission des champs de bataille nationaux, nouvellement créée. Avec l'acquisition d'autres terrains contigus au grand domaine des Ursulines, la Commission crée le parc des Champs-de-Bataille et donne à l'architecte paysagiste Frederick G. Todd le mandat d'aménager les lieux. Ce dernier propose une intervention souple, qui fait du paysage une œuvre d'art. Todd cherche à assister la nature, à en faire ressortir le meilleur et le plus beau, à en rehausser les points d'intérêt, à en renforcer les caractères originaux.

Depuis bientôt 100 ans, ce jardin de près d'une centaine d'hectares est un des lieux de rencontre préférés des Québécois et des Québécoises, un ferment de leur imaginaire, le site privilégié de leurs fêtes, en même temps qu'une attraction touristique incomparable.

J. P.

Source : Jacques Mathieu et Eugen Kedl, *Les plaines d'Abraham: le culte de l'idéal*, Septentrion (Sillery), 1993, 320 pages.

Vous souvenez-vous du temps où vous
étiez arbre, où votre ombre était lumière,
où votre force était de monter?

Le milieu du centre

L'arbre endormi profère des oracles verts.

Octavio Paz

Il m'arrive parfois, le matin, dans la courte phase du demi-sommeil, d'entendre une sorte de voix me souffler des mots. Je prête à ces visiteurs de l'aube beaucoup d'attention : ils proposent des pistes qui aiguillonnent mon travail, quand elles ne déterminent pas mon activité de toute la journée. Ce matin, par exemple, j'ai entendu très distinctement au fond de mon oreille : « Un arbre te le dira. » Immobile, j'ai laissé à ces cinq vocables tout le temps de tracer leur chemin en moi, de faire naître les premières questions. Qu'a-t-il donc à me dire, l'arbre ? Je suis d'accord avec Marie-Victorin quand il déclare que les ormes ne sont pas muets, comme on pourrait le penser. Ils parlent, les arbres. Ils disent, sous leur vêtement de symboles, une certaine direction de la vie qui a besoin d'atteindre de la hauteur. Ils disent que la surface des choses n'est que le point de rencontre entre la réalité souterraine et la recherche de l'altitude, que l'axe du monde est vertical, et qu'il faut de profondes racines pour prétendre aller vers le haut. Ne parlent-ils pas aussi de sagesse ? C'est sous un arbre que Bouddha reçut l'illumination. C'est dans l'ombre d'une

Comme les hommes, les ormes recherchent les défilés et sont sensibles à l'uniforme.

feuillée que l'on imagine le sage transmettre la vraie connaissance, que l'on voit l'ancêtre raconter les origines de la communauté.

Un arbre te le dira. Me dira quoi ? Quelles sont mes préoccupations actuelles ? Elles sont en partie liées à mon travail, qui depuis des mois consiste à noter les différentes couleurs de Québec, à rechercher le lieu où tout a vraiment commencé, le premier pivot autour duquel, par vagues concentriques, s'est développé ce qui est devenu ma ville.

Puis surgit une autre question. Un arbre te le dira. Un arbre. Quel arbre ? Je connais, en tous lieux de la capitale, beaucoup d'arbres avec lesquels j'entretiens des rapports qui, pour être mystérieux, n'en restent pas moins étroits. Ils ont défilé un par un dans ma mémoire, jusqu'à l'image du vénérable feuillu que tous les jours je côtoie quand je traverse la Grande Allée pour m'engager dans l'avenue De Salaberry. C'est le plus vieil arbre de la ville, le plus imposant aussi avec ses quatre cent cinquante-cinq centimètres de diamètre. Je l'ai toujours appelé l'én-Orme d'Amérique.

Je suis donc sorti de chez moi et, trois minutes plus tard, j'étais devant lui. Que faire pour entrer en communication avec un arbre ? Le plus simple, à mon avis, est de devenir en quelque manière un oiseau. Il s'agit pour cela de prononcer la formule suivante: «Poésie, ma liberté, fais-moi voir, fais-moi monter.» Me voilà donc merle à la poitrine de feu, gravissant de branche en branche le vaste faisceau en éventail qui ombrage deux maisons, deux trottoirs, une partie de boulevard. Je circule, je me renseigne, surveille, gobe de ci de là des bribes que j'enfile bout à bout. Pour apprendre enfin que mon én-orme est sorti de terre il y a deux cents ans, à l'époque où les sœurs augustines, appauvries par la Conquête, morcelant leur fief déjà ancien, vendirent une terre à un certain Davidson, terre qui fut, soixante ans plus tard, morcelée en faveur des bourgeois anglais désireux de s'établir en bordure des Plaines.

De la cime d'un orme, on voit loin, on arrive à s'orienter. Le vent d'ouest me porte tout naturellement, d'arbre en arbre, le long de la Grande Allée, jusqu'au petit square de la place Montcalm, garni de deux rangées de beaux ormes se découpant sur la façade de l'hôtel Le Concorde. Je me pose un instant sur la couronne de lauriers qu'un ange va déposer sur la tête de Montcalm qui vient de recevoir le coup funeste. À tire d'aile je passe sur l'épaule du général de Gaulle qui me conduit d'emblée sur la pointe de l'épée que brandit une Jeanne d'Arc vert-de-grisée éperonnant son cheval de

Tout homme a droit à sa minute d'éternité.

bronze, au milieu d'une des plus belles confréries d'ormes du quartier, arbres de fière prestance entretenus avec maints égards depuis leur plantation en 1938. Après avoir admiré les cent cinquante espèces de fleurs qui couronnent ce jardin à la française, je poursuis de feuillages en frondaisons mon voyage vers l'est, choisissant de faire halte au centre d'une opulente ramée qui ornemente l'arrière du manège militaire, en bordure de l'avenue George-V. Mon hôte est en verve aujourd'hui et me fait tôt savoir, à travers les branches, qu'il est un des arbres

Un des plus beaux monuments de Québec, dédié à François-Xavier Garneau, historien (1809-1866).

remarquables de la ville (et même du Québec tout entier), qu'il se nomme Frêne européen, qu'il est apparu là entre 1864 et 1871, dans la courte période qui sépare la construction du manège et le déménagement de la garnison à la citadelle.

Une vague de vent coule dans les feuilles. «Le centre de la ville?, me souffle l'esprit du frêne. Je suis bien, quant à moi, un centre d'intérêt, mais je n'ai pas la prétention d'avoir assisté à la naissance de Québec. Je te conseille, merle, de voler vers l'est.»

Je prends le temps de pincer trois chenilles autour des floraisons en aigrettes, et m'envole vers l'Esplanade où me reçoivent d'autres ormes de fort belle venue. C'est en m'ébrouant dans l'abreuvoir réservé aux passants que je remarque, dans l'ombre de la porte Saint-Louis, sur le terrain qui fait face au Parlement, l'imposante statue d'un homme assis avec noblesse, tenant dans sa main droite une plume, spectacle tout fait pour émouvoir un oiseau. Je m'approche pour lire l'inscription posée sur le marbre de couleur: *GARNEAU, FRANÇOIS-XAVIER, HISTORIEN, 1809-1866*. Il est bon, me dis-je, de savoir manier la plume pour traiter avec un peu de hauteur l'histoire d'un peuple. Et moi-même je prends de nouveau mon essor. De cime en cime je m'engage dans la côte de la Citadelle,

La couleur du jour est cadeau de la nuit.

traverse la rue Sainte-Ursule, passe dans le jardin de la chapelle du Sacré-Cœur pour aboutir en fin de compte dans un des érables du parc nommé Cavalier-du-Moulin. Il me semble alors percevoir comme une rumeur du passé, qui se fait de plus en plus insistante au moment de rejoindre un des grands ormes du jardin des Gouverneurs, celui qui en marque la borne sud-ouest, près du consulat des États-Unis. Tout de suite un souffle de fraîcheur venant du grand fleuve me met en effervescence et mon regard jubile à la vue des splendeurs qui s'ouvrent devant moi. Une extraordinaire harmonie de formes et de couleurs émane de ce panorama où le fleuve se déploie comme à l'infini vers l'est. Au nord, l'alignement

Un sage disait que le monde est une mer et que notre cœur en est le rivage.

des Laurentides ondoie jusqu'au cap Tourmente; au sud, la pointe de Lauzon s'effile au milieu de la nappe étincelante et, entre les deux rives, repose l'oasis verte de l'île d'Orléans, point central de ce prodigieux ensemble où, dans des proportions exemplaires, se conjuguent montagnes, forêts, rives et le grand ciel reflété par la naissance de l'estuaire. Sans doute est-ce la magnificence de ce spectacle naturel qui aiguise mes sens et me fait percevoir le message de l'orme au moment où je laisse s'échapper cette simple remarque: « Quel joli petit parc ! »

– Oui, bien sûr, en un certain sens, il s'agit d'un parc, me suggère le grand feuillu, mais nous de la confrérie sylvestre, préférons encore parler de jardin. Tu as sous les yeux, merle, un des plus anciens jardins de l'Amérique du Nord, un jardin royal !, créé pour l'approvisionnement et l'agrément des gouverneurs français et anglais, hôtes du fort puis du château Saint-Louis. Ces bâtiments dessinaient le premier profil de la ville là où maintenant s'élève le château Frontenac. C'était, à l'époque, un vrai jardin qui descendait en pente jusqu'au bord du cap Diamant, bien avant la construction de la terrasse Dufferin. J'ai connu, moi, étant arbrisseau, des ancêtres (bouleaux, chênes, érables) qui, en 1827, cinq ans avant l'instauration du lieu en parc plus ou moins public, ont assisté à l'érection de cet obélisque aux formes si classiques, figure centrale de ce monument où l'on a voulu réconcilier dans la pierre les deux généraux qui se sont entre-occis sur la verdure des Plaines. Entre nous, cher oiseau, je t'invite à aller te poser sur l'arête de cette colonne pyramidale, si tu veux admirer dans toute son ampleur l'incomparable site de Québec. » Je vais m'envoler, mais l'arbre estime bon d'ajouter: « Peut-être sais-tu déjà qu'ici même, le 10 juin 1868, le colonel William Rhodes, de Sillery, relâcha cinquante moineaux domestiques qu'il avait fait venir exprès d'Europe pour les acclimater en Amérique du Nord. Tu peux voir que ces pépiants débrouillards ont fait florès et qu'ils peuplent toujours le parc. »

– L'oiseau peut vivre sans l'homme, mais l'homme ne peut vivre sans l'oiseau, lançai-je en me posant sur l'obélisque.

De ce perchoir de granit, le point de vue en effet est prenant, mais une saute de vent me fait vaciller, je lâche prise, et me voici de nouveau sur l'aile. Je contourne la face sud du château Frontenac et j'aperçois tout de suite l'auguste monument érigé à la gloire de Samuel de Champlain. Le fondateur de Québec, sur son haut socle, est campé dans la fière posture de celui qui, son

La place d'Armes.

Le cheval précède toujours le cocher.

chapeau emplumé à la main, semble saluer la ville qu'il a imaginée quatre siècles plus tôt. Où me percher sinon sur l'épaule du personnage?

La place d'Armes, ce matin, est en beauté. Sous les feuillages frissonnants, des enfants se font des jeux d'eau dans la grande vasque de la fontaine pendant que les touristes, assis sur les bancs de bois, se reposent en regardant le pavage de blocs roses qui délimite la place, en levant les yeux sur le château, le palais de justice, la cathédrale anglicane, les si jolies maisons de la rue Sainte-Anne, le bureau de poste et le monument où je me trouve, avec en arrière-fond cette grandiose ouverture sur le paysage sus-évoqué.

Que fait un oiseau juché près de la tête d'un grand homme? Il regarde ses yeux figés dans le métal, il en suit la direction. Je me rends compte alors que l'illustre fondateur porte son regard sur l'arbre de bonne taille qui borne le périmètre de la cathédrale, près du pilier de pierre, juste en face de la rue du Trésor. Je me dis: «Un arbre, tiens! Que va-t-il me dire, celui-là?» En trois coups d'aile je rejoins le centre du feuillage épais.

Mon hôte est un chêne aux branches saines et aux feuilles finement lobées. Autour des grappes de fleurs je trouve

Une fontaine sur la place pour rappeler notre soif de trouver un beau matin toutes armes inutiles.

aisément à me nourrir, puis je me repose en lissant mon plumage. Je n'en suis pas moins aux aguets, l'oreille tendue vers tout ce qui circule dans les veines du bois. Des mots passent dans ma cervelle : paysage, fleuve, beauté, jardin. Au moment où apparaît le mot Histoire, l'arbre s'anime. « Ceux que passionne l'histoire de leur cité auraient tout avantage à se rapprocher des grands arbres. Tu sauras, merle, que je suis ce qu'il est convenu d'appeler un arbre historique ! »

– Tu veux dire sans doute que tu es ancien…

– Ancien ? Oui, bien sûr, je suis ancien. J'ai assisté à tout ce qui est advenu ici depuis cent cinquante ans. La place circulaire que tu vois a servi pendant

Pour remonter le cours de l'Histoire, une échelle horizontale.

presque deux siècles de terrain de parade aux militaires du fort, puis du château Saint-Louis. Après l'incendie de 1834, on en réserva l'usage aux fervents de l'équitation, on l'entoura d'une basse clôture formée de chaînes, il prit le nom de Rond-de-chaînes ou « The Ring ». On a commencé à y planter des arbres en 1865, puis des fleurs et des arbustes. L'endroit s'est transformé peu à peu en petit parc public.

– Et ce monument qui en marque le centre, cette fontaine…

– Oh, cet ouvrage de sculpture est récent, il n'a même pas cent ans. J'ai connu l'époque où le monument se présentait comme une simple vasque portant en son centre une colonne sur laquelle on avait placé un enfant; il tenait dans ses bras un gros poisson. De l'eau sortait de sa bouche. J'aimais bien cette sculpture. Elle avait un aspect poétique et simple qui s'accordait bien, à mon avis, avec le caractère de cette ville cordiale. Elle fut remplacée par l'ouvrage actuel qu'on appelle le monument de la Foi.

– La foi, sans doute, qu'un peuple pour survivre doit avoir en sa valeur…

– Pas précisément. Regarde bien où regarde le personnage de bronze.

– Vers l'Archevêché, puis vers le Séminaire, je crois…

– Les autorités, pour remercier peut-être le clergé de leurs bons services, ont voulu marquer, en 1914, le tricentenaire de l'arrivée des pères récollets en Nouvelle-France. N'oublie pas qu'ici même, avant la conquête anglaise, s'élevaient leur couvent et leurs jardins. Ce couvent fit place à la cathédrale anglicane.

– Belle architecture, par ailleurs, que tu rehausses de ton imposante verdure.

– Merci. Il convient de dire, en fait et en toute modestie, que je suis un des arbres les plus importants de la ville !

– Important ?

– Célèbre, si tu préfères. À travers moi, tu dois te figurer un autre arbre, un chêne comme moi, un chêne qu'on a dû abattre avant ma naissance. Cette merveille – mon ancêtre en quelque sorte – a assisté à rien de moins qu'aux débuts de l'occupation humaine sur le cap Diamant.

– Non seulement tu es important, tu es aussi intéressant. Continue.

– Je te demanderais d'imaginer à travers moi un autre arbre. En réalité, c'est toute une forêt que tu dois voir. Cet arbre était entouré de millions d'autres arbres, des chênes, des érables, des noyers, des pins. Tous arbres de la forêt d'origine. Puis Champlain, délaissant, autour de 1620, la première habitation, est monté jusqu'ici, il a défriché le terrain où sera construit le premier fort. Je me suis laissé raconter qu'il aurait installé sa tente à l'ombre de mon ancêtre-chêne.

– Le voilà donc l'arbre des temps premiers, le vrai centre de la ville !

– Approche. Je vais te confier un secret. Cet arbre d'origine existe encore d'une certaine manière. Enfin… une partie de son être existe toujours. C'est avec son bois qu'on a fabriqué la chaise de l'évêque, laquelle chaise tu pourrais voir dans le chœur de la cathédrale, si tu pouvais y pénétrer.

– J'essaierai bien de la voir un de ces jours. Elle me touche beaucoup, ton histoire. Elle donne à l'existence de cette place d'Armes une dimension qui l'élargit en signification et en poésie. Je pense bien que je vais venir poser mon nid sur une de tes hautes branches.

– Bonne idée. D'ici tu pourras à ton aise circuler dans les alentours et aller, par exemple, chercher tes becquées sur les gazons du parc Montmorency…

Le jardin Jeanne-d'Arc

Longeant l'avenue Laurier, voici le jardin Jeanne-d'Arc, vaste rectangle de quelque 2 800 mètres carrés, où on retrouve de mai à octobre 150 variétés de fleurs, une centaine de vivaces, une cinquantaine d'annuelles. Au cœur du jardin, la statue de bronze de Jeanne d'Arc repose sur une pierre d'un seul bloc pesant près de 28 tonnes, taillée à même un rocher de la chaîne des monts Notre-Dame, aux États-Unis. Les donateurs de la statue, deux Américains, ont exigé l'anonymat. Dévoilé le 1er septembre 1938, le monument rend « hommage à la vertu, à la valeur et à la gloire, sur cette terre même qui a bu le sang de héros tombés glorieusement pour leurs patries ». Le jour du dévoilement, l'historien Thomas Chapais prend la parole au nom de la Commission des champs de bataille et explique ce qu'il faut comprendre de ce monument : « Patriotisme et vaillance ! En d'autres termes, par le bronze et le granit, ce monument est la glorification de l'héroïsme, incarné dans une des plus rayonnantes figures de l'histoire. Or, l'héroïsme n'a-t-il pas tracé l'une de ses pages immortelles en ces lieux historiques ? À quelques pas d'ici, il y a cent soixante dix-neuf ans, deux illustres guerriers versaient leur sang pour leurs patries, et par leur dévouement sublime, Wolfe et Montcalm, vainqueur et vaincu, entraient ensemble dans le Panthéon de l'histoire… Le voilà le lien qui relie les deux apothéoses, celle de Jeanne d'Arc et celle des deux héros de 1759. »

J. P.

Source : Jacques Mathieu et Eugen Kedl, *Les plaines d'Abraham: le culte de l'idéal*, Septentrion (Sillery), 1993, p. 265 et 267.

Le jardin des Gouverneurs

Tout à côté du château Frontenac, entouré des rues des Carrières, Mont-Carmel, Laporte et Sainte-Geneviève, surplombant la terrasse Dufferin, se trouve le jardin des Gouverneurs, aménagé en 1647, à l'usage exclusif du gouverneur, qui habite le château Saint-Louis. C'est l'un des plus vieux jardins d'Amérique du Nord, puisqu'il apparaît sur les plans de la ville dès 1660. On dit qu'il ressemble aux jardins monastiques du Moyen Âge européen qu'adoptent les communautés religieuses de Québec et de Montréal, au début de la colonie.

Sous le Régime français, le jardin des Gouverneurs est dessiné selon un plan rigoureux de formes carrées ou rectangulaires divisées par des sentiers rectilignes se croisant à angle droit. Pour assurer l'intimité du gouverneur et décourager les éventuels prédateurs, on le clôture d'une palissade de pieux de cèdre. Vers 1750, toujours aussi symétrique, il semble maintenant divisé en deux grandes sections, l'une à des fins utilitaires, l'autre à des fins ornementales.

Au début du Régime anglais, le jardin des Gouverneurs garde son cachet, mais on y ajoute une maison destinée à loger un jardinier. En 1827, le gouverneur, lord Dalhousie, fait élever dans le jardin le premier monument commémoratif érigé à Québec, un obélisque de pierre à la mémoire de Wolfe et Montcalm, que l'artiste James Pattison Cockburn situe dans un parc d'arbres et d'arbustes. On se promène désormais dans le jardin du Monument ou du Gouvernement. Après l'incendie du château Saint-Louis en 1834, les citadins prennent l'habitude de venir y marcher. D'ailleurs, l'administrateur colonial, lord Durham, l'ouvre officiellement au public à compter de 1838. Et lentement, tout au long du XIXe siècle, ce jardin aménagé d'abord à la française se convertit à l'anglaise. Il devient au XXe siècle une sorte de square qui rappelle, par la disposition de ses allées et de ses arbres, son aspect premier de jardin français formel.

J. P.

Source : Pierre Beaudet, dir., *Les dessous de la Terrasse à Québec*, Septentrion (Sillery), 1990, p. 83-86.

La place de l'Assemblée-Nationale

Au début du XVIIIe siècle, les environs immédiats de la haute-ville, là où se trouve aujourd'hui la cité parlementaire, conservent un aspect champêtre dominé par les hauteurs du moulin d'Artigny. Mais voilà qu'en 1745, la ville de Québec apprend avec stupeur la chute de Louisbourg, forteresse française réputée imprenable. Immédiatement, les autorités coloniales confient à l'ingénieur du roi en Nouvelle-France, Gaspard-Joseph Chaussegros de Léry, la tâche de fortifier Québec. De Léry construit, entre autres, un mur de maçonnerie comptant six bastions et fermant la ville du côté ouest, depuis les hauteurs du cap jusqu'à l'embouchure de la rivière Saint-Charles.

En 1747, au moment de la construction de la courtine Saint-Louis, qui fait partie de cette ligne de fortification, on ensevelit dans la terre de remplissage quelque 50 prisonniers anglais décédés à la redoute Royale, rue Saint-Stanislas, de la mauvaise qualité de l'eau, de la rareté des provisions ou des fièvres malignes. Comme c'est à nouveau la guerre en Europe, donc également en Amérique, ces prisonniers, capturés par des voiliers français sur les bancs de Terre-Neuve et au large de la Nouvelle-Écosse ou pris au cours de raids menés conjointement par des Canadiens et des alliés amérindiens contre des établissements américains frontaliers, devaient servir éventuellement de monnaie d'échange. En majorité de foi protestante, ils ne peuvent bénéficier d'un enterrement dans les cimetières catholiques. Aussi les met-on en terre où l'on peut. En 1986, lors de travaux de restauration des murs, les archéologues de Parcs Canada retrouveront leurs squelettes, la plupart reposant sur le dos, parfois tête-bêche.

Quoi qu'il en soit, à proximité du mur fermant la ville du côté ouest, De Léry défendra toute construction permanente, histoire de voir l'ennemi qui viendrait de cette direction. Ne fait-il pas, devant la porte Saint-Jean, détruire les petites maisons des artisans qu'il juge trop proches des fortifications ? Après 1760, les militaires britanniques ne réagiront pas autrement et interdiront toute construction permanente là où se trouve aujourd'hui l'esplanade de l'Hôtel du Parlement. À l'intérieur des murs, sur l'esplanade *intra muros* en quelque sorte, entre les fortifications et la rue D'Auteuil, et près de la porte Saint-Louis, on construira, en 1790, la poudrière. À compter des années 1830, de l'autre côté du mur les militaires de la garnison jouent au cricket, sport national des Anglais et premier sport d'équipe pratiqué au Canada.

En 1871, le départ des soldats britanniques libère de grands espaces à l'ouest de la ville. Or, le gouvernement du Québec se cherche un emplacement pour son Hôtel

du Parlement, l'édifice du temps, sur le site de l'ancien palais épiscopal, au sommet de la côte de la Montagne, étant devenu exigu. Dès 1872, on songe à rénover le vieux collège des Jésuites devant la cathédrale et à y installer la plupart des ministères, mais le terrain n'est pas assez grand. Pourquoi pas alors un nouvel Hôtel du Parlement en dehors des murs, comme le veut la rumeur en 1874 ? La question étonne les Québécois, qui n'ont jamais pensé que le Parlement puisse être ailleurs qu'à l'intérieur. Le 28 juillet 1876, le gouvernement du Québec achète du gouvernement fédéral, pour la somme de 15 000 $, le Cricket Field, vaste terrain qui accueillera le nouvel Hôtel du Parlement et qui sera entouré de parterres magnifiques.

J. P.

La place d'Armes

De 1620 à 1624, de crainte que son «Abitation», au bord du fleuve, ne subisse des attaques iroquoises, Samuel de Champlain construit au sommet du «cap aux Diamants» le fort Saint-Louis. Il dégage alors, autour du fort, une grande étendue de terrain, de manière à voir venir l'ennemi s'il se présente. En 1647, le gouverneur Charles Huault de Montmagny fait raser le fort, qui tombe en ruines, et construire en lieu et place le château Saint-Louis, qui deviendra la résidence permanente des gouverneurs de la Nouvelle-France. On remarque toujours cet espace ouvert, cette grande étendue de terrain dégagée au nord-ouest de l'édifice.

On prend bientôt l'habitude d'appeler cet endroit la «Grande Place». Les démonstrations militaires qui ponctuent les déplacements du gouverneur et l'accueil des principaux visiteurs transforment les lieux en place d'Armes. Mais on désigne encore, à la fin du XVIIe siècle, dans des documents officiels, l'espace correspondant à la place d'Armes par l'expression «terres non concédées». C'est dire que, même si elle sert, depuis un certain temps, pour les parades militaires et autres activités au voisinage du château Saint-Louis, la Grande Place, ou place d'Armes, n'a toujours pas le statut de place publique.

Après 1760, les anglophones prennent l'habitude de nommer le site «Grand Parade», mais cette appellation cède le pas à «Ring», avec la fondation du Driving Club en 1829, un terme qui sera utilisé jusqu'au

Cette aquarelle de James Pattison Cockburn donne une bonne idée de l'état de la place d'Armes en 1829. L'artiste se trouve rue Saint-Anne, près du pilier de pierre, partie de la clôture de la cathédrale anglicane. Les deux personnages regardent les bâtiments du château Saint-Louis et le château Haldimand qui s'élevaient sur l'emplacement occupé aujourd'hui par le château Frontenac.

Place d'Armes, 1829. Aquarelle de James Pattison Cockburn
©Toronto, Royal Ontario Museum (942 x 48.73)

XXe siècle. L'emplacement sert en effet de point de départ, durant la saison hivernale, aux membres du célèbre club, qui réunit des propriétaires de chevaux portant aigrettes, panaches, ceintures de grelots. Chaque semaine, habituellement le jeudi, les adeptes partent en tournée à travers la ville ou dans les environs, s'arrêtant ici ou là pour boire un « sang-gris », sorte de vin chaud épicé. À la place d'Armes, l'excursion démarre de manière spectaculaire. Le vice-président du club sonne le cor, un soldat entonne un air de cornemuse et le défilé s'élance en direction de la côte de la Fabrique.

Durant l'été, le « Ring », ou « rond de chaînes », comme le désignent les Canadiens du temps, est un espace public, entouré de poteaux reliés par des chaînes, au centre duquel se croisent deux sentiers. Peu avant la rébellion de 1837-1838, les sympathisants du Parti patriote y retrouvent leur chef, Louis-Joseph Papineau, lançant des discours enflammés en faveur du gouvernement responsable.

Au fil du temps, outre le château Saint-Louis, la place d'Armes sera entourée de plusieurs édifices prestigieux : le tribunal de la sénéchaussée jusqu'en 1663, le monastère des Récollets, remplacé après son incendie par la cathédrale anglicane Holy Trinity, le célèbre hôtel Union, propriété du tout-puissant juge en chef Jonathan Sewell, où loge aujourd'hui la Maison du tourisme du Québec, l'ancien palais de justice, de l'architecte Eugène-Étienne Taché, et le château Frontenac.

On remarque trois monuments, à la place d'Armes. Élevé en 1898, précisément sur le site du fort Saint-Louis, le monument à Samuel de Champlain, une initiative de la Société Saint-Jean-Baptiste de Québec, est l'œuvre du sculpteur Paul Chevré et de l'architecte Paul Le Cardonnel, tous deux de Paris. La pierre est la même que celle qui a servi à bâtir l'arc de triomphe de l'Étoile, dans la capitale française. Au cœur de la place, le monument de la Foi, dessiné par l'abbé Adolphe Garneau et formant une fontaine gothique ornée de gargouilles, est érigé en 1916 pour commémorer le troisième centenaire de la foi au Canada. Enfin, à quelques pas du monument à Champlain, se trouve celui de l'UNESCO soulignant l'inscription, en 1985, de Québec sur la liste du patrimoine mondial, qui réunit les monuments et sites dont la disparition constituerait une perte irréparable pour l'humanité. Inauguré en 1986, ce monument géométrique, qui renferme un prisme de verre symbolisant le « joyau du patrimoine mondial », est une réalisation de Jean Jobin et du maître souffleur Jean Vallières.

J. P.

Source : Alyne Lebel, « La place d'Armes, creuset de la capitale », *Le Soleil* (Québec), 13 juillet 1992.

Je vous offre une gerbe
de connaissances et vous propose
le premier geste de toute victoire.

L'œil de l'apothicaire

Une science subtile de l'égarement illuminera
les plus simples choses.

André Dhôtel

M'est revenu, ces derniers temps, un souvenir de ce début septembre de 1963.

Cette année-là je m'étais inscrit à la Faculté des lettres, qui logeait alors dans l'ancienne Université Laval, cœur dynamique du Quartier latin. Le matin des premiers cours était arrivé et je me suis senti un peu oiseau en quittant mon petit logement du Vieux-Lévis. C'est pour ainsi dire en coulant sur l'air que je dévalai le long escalier rouge qui, à flanc de falaise, de palier en palier, conduisait au quai de la traverse ; et c'est avec des ailes que j'atterris enfin sur le pont du *Louis-Jolliet*. La traversée du fleuve ne durait qu'une quinzaine de minutes, mais j'eus tout le temps, de mon poste à la proue du bac, de jouir de mon approche de la ville *par la mer*. Québec me parut si belle avec son long profil hérissé de tours, de coupoles et de flèches, avec son aspect de paisible solidité fondue dans la neuve lumière d'automne, elle me parut si harmonieuse de formes et de couleurs avec les verdures du cap Diamant et le cuivre oxydé des toitures allégeant le gris des pierres, qu'il m'est plaisant aujourd'hui de retrouver l'émotion qui me soulevait :

Lire sous les arbres est un plaisir de citadins.

chaque jour dorénavant j'aurais un but pour refaire ce trajet, chaque jour je volerais vers Québec, j'irais m'immerger dans ce trésor qui depuis longtemps me peuplait de désirs tenaces. Je me rendais compte, pendant que le traversier glissait sur le frissonnement du fleuve, que mes années de collège n'avaient été qu'une longue attente de ce moment-là. Devenir étudiant à Québec voulait dire apprivoiser saison après saison les secrets du Quartier latin, mêler les études à la vie, frotter la littérature à l'expérience, explorer chaque rue, chaque place, en un mot me laisser saisir par l'esprit de la vieille ville.

Une fois débarqué, je suivais toujours le même itinéraire. Je m'engouffrais dans la rue Sous-le-Fort, ascensionnais dans un souffle l'escalier Casse-Cou pour déboucher enfin au milieu de la côte de la Montagne. J'étais sensible au fait que cette rue, première œuvre de voirie en Amérique du Nord, était liée aux toutes premières années de l'implantation française. Je revoyais Champlain et ses compagnons pratiquer dans le roc et la forêt cette ouverture, aménager d'abord un petit cimetière à flanc de coteau – cimetière encore visible au tournant de la côte – et prendre peu à peu possession du plateau surplombant l'habitation de l'anse aux Roches. Tout me parlait d'art dans cette côte de la Montagne : la théorie des hautes maisons accrochées à la falaise accueillait alors le relieur-imprimeur Chabot, le café-théâtre Arlequin où débuta Gilles Vigneault, et les deux galeries d'art où je fis connaissance avec les peintres. L'Atelier de Mme Lesieur offrait pêle-mêle dans ses vitrines des sculptures et des gravures inuites, des émaux de Thérèse Brassard, des pièces d'artisanat et d'orfèvrerie, des eaux-fortes de Giguère, des toiles de Le Beuf et de Dallaire. Un peu plus haut la galerie Zanettin me retenait devant ses deux montres. Là je découvris les œuvres de Jean-Paul Lemieux, d'Aristide Gagnon, de Benoît Côté, de Claude Picher et de Louise Carrier.

La tête illuminée par ces œuvres qui me donnaient de la ville un aperçu de sa vraie réalité, je poursuivais mon ascension vers l'université. Et pour atteindre la rue des Remparts, il me fallait traverser en diagonale le parc Montmorency, endroit assez merveilleux que j'appris à mieux connaître cet automne-là.

Connaître le parc Montmorency signifiait d'abord me laisser prendre par la paix qu'il offrait sous la mêlée de ses grands arbres, par l'accueil qu'il réservait aux liseurs et aux amoureux, par la vue qu'il ménageait sur le Vieux-Port, le grand fleuve, l'estuaire, les Laurentides et la côte de Lévis. Peu à peu la présence de l'Histoire se révélait. Pourquoi avait-on installé le long de la muraille cette batterie de trente canons ? Pour quelles raisons avait-on érigé à cet endroit le monument à George-Étienne Cartier ?

Chaque jour je frôlais le socle qui supportait la statue de l'homme politique représenté dans la pose de l'orateur s'adressant, main tendue, à une foule. Je me souviens très bien de la première fois où je lus cette inscription gravée dans le granit du piédestal : « Dans un pays comme le nôtre, il faut que tous les droits soient sauvegardés, que toutes les convictions

L'Archevêché de Québec.

Auteur inconnu
Archives nationales du Québec à Québec

Le chant de la ville porte autant d'oiseaux que le vent des îles.

soient respectées.» Cette phrase fit avec le temps son chemin dans mon esprit et me parut enfin affirmer une sorte d'opposition à tous les bâtiments religieux visibles à partir du parc, qui ne sont pas sans rappeler le caractère monolithique du catholicisme qui n'avait pas encore commencé, en 1963, à perdre de sa superbe. Ce monument était donc empreint d'une fraîcheur, d'un appel d'air dans le climat étouffant de l'époque, mis en relief d'ailleurs par ces quelques mots apparaissant sur le feuillet de bronze que l'orateur tient dans sa main gauche: «Justice égale à toutes les races, toutes les croyances.» Ces paroles-là, l'homme politique les avait-il vraiment prononcées? Il me fallut donc préciser mes connaissances, m'enquérir de la vie de Cartier, de son époque et des raisons pour lesquelles ce monument honorait sa mémoire.

Ce qui augmenta à mes yeux la valeur du personnage fut d'apprendre son affiliation au mouvement patriotique des Fils de la liberté, son exil aux États-Unis après le coup de feu qu'en 1837, à Saint-Denis, il porta contre les troupes de Gore. Élu député de Verchères en 1848, Cartier arriva à Québec en 1852 pour siéger dans le parlement tout neuf qui remplaçait l'ancien palais épiscopal où se réunit la première Assemblée du Bas-Canada en 1792. Cet édifice s'élevait à l'endroit exact où se dresse aujourd'hui le monument parmi les cerisiers japonais que les premiers beaux jours gonflent de fleurs roses, cet édifice vit naître le parlementarisme en nos contrées. Je me suis toujours demandé pourquoi les instances du pouvoir n'ont jamais jugé utile de souligner ce fait capital de notre histoire. Tout au plus trouvera-t-on, près de l'escalier de pierre qui mène de la côte de la Montagne au parc Montmorency, une plaque rappelant un fait qui n'a pourtant pas la même importance: « Ici, le 8 juin 1824, en l'hôtel du gouvernement de la Province du Bas-Canada, fut émis le premier brevet d'invention canadien en faveur de Noah Cushing de Québec, inventeur d'un moulin à foulon. » La petite histoire n'enlève rien à la grande, mais quand la grande s'honore d'un événement affirmant la longue tradition démocratique d'un peuple, le simple respect en commanderait l'illustration.

Fleurs de rhétorique passent comme pétales.

Durant l'automne de 1963 donc, et tout le printemps suivant, j'ai beaucoup fréquenté le parc Montmorency. Puis la Faculté des lettres, à l'instar de toutes les grandes écoles, fut happée par la glaçante cité universitaire de Sainte-Foy, ce qui modifia mes habitudes. Il m'arriva bien, comme tous les fervents du Vieux-Québec, de venir de temps à autre à la promenade rue des Remparts, de suivre le mur des fortifications jusqu'à la côte du Palais, de m'emplir les yeux du prodigieux paysage que ce parcours permet de découvrir.

Sur la première charrue de Québec, la main de Guillaume Couillard, le gendre de Louis Hébert.

Un jour, je perçus une nouvelle présence dans la partie du parc exposée à l'est. Le monument à Louis Hébert, que j'avais maintes fois côtoyé dans les jardins de l'Hôtel-de-ville, me parut avoir enfin trouvé sa vraie place. N'est-ce pas ici même que le « premier agriculteur » de la Nouvelle-France est venu s'établir en 1617 ? Là où porte le regard de la statue de bronze, sur tout l'espace occupé maintenant par le domaine du Séminaire, n'est-ce pas le terrain qu'il a défriché en compagnie de sa femme Marie Rollet et de son gendre Guillaume Couillard ? N'est-ce pas en ce lieu qu'il est mort en 1627 à la suite d'une chute sur la glace ?

Comme des milliers de visiteurs sans doute, j'ai lu des dizaines de fois les mots gravés sur le socle : « Louis Hébert, apothicaire de Paris, explora l'Acadie en 1604 avec MM. de Monts et de Poutrincourt et y séjourna de 1606 à 1613. Il s'établit à Québec en 1617 avec sa famille et mourut le 26 janvier 1627. » En toute candeur j'avouerai qu'il ne m'était pas venu à l'esprit d'interroger le fait qu'un apothicaire de Paris, un homme d'études et de sciences donc, spécialiste des remèdes à base de plantes, abdique ses compétences pour devenir défricheur et agriculteur. Pendant des années j'ai longé ce monument sans me demander qui était le vrai Louis Hébert. Jusqu'à ce que je découvre les écrits de l'historien Jacques

Mathieu, qui jettent une lumière toute neuve sur la personnalité du héros. Je dois dire que je ne regarde plus avec les mêmes yeux le monument du parc Montmorency, ni même cette partie de la haute-ville.

Sur son socle de pierre grise Hébert tient dans sa main droite une faucille pendant qu'avec fierté il brandit dans la gauche une gerbe de blé fraîchement coupée. Cette attitude suggère que le personnage s'est contenté de cultiver la terre dans le seul but de pourvoir les premiers habitants en céréales. On sait maintenant que Louis Hébert n'était pas qu'un homme de charrue, si tant est qu'il en eût jamais possédé une. Marie Rollet, dans les documents notariés qui portent sa signature, a toujours insisté sur le titre professionnel initial de son mari: maître apothicaire bourgeois de Paris. Champlain lui-même, dans ses récits de voyage, signale les compétences de son compagnon Hébert dans «l'expérimentation des semences, dans le jardinage et les soins dispensés». Ce dont ne doute aujourd'hui aucun des érudits à avoir fouillé son passé, c'est que Louis Hébert avait noué et conservé des liens avec les meilleurs botanistes d'Europe, qu'il a été le premier, sur le plateau de Québec, à avoir acclimaté des pommiers de Normandie, à avoir cultivé, outre des céréales, des choux, des raves, des laitues, de l'oseille et du persil, non seulement à des fins d'approvisionnement alimentaire, mais aussi dans un but thérapeutique. Mieux encore. De récentes études établissent qu'il fut en son temps la seule personne assez compétente pour fournir au savant Jacques Philippe Cornuti, auteur en 1635 du premier ouvrage sur les plantes du Canada, les spécimens dont ce dernier a fait la description sans avoir jamais traversé l'Atlantique. Cette participation à une œuvre aussi nouvelle suppose donc que le mythique ancêtre des laboureurs canadiens, loin de se cantonner sur ses terres, voyagea sur de vastes territoires, mania l'aviron sur les grandes voies liquides, prit langue avec les Amérindiens, herborisa, cueillit pour les identifier et les expédier à Paris plus de quatre-vingts plantes indigènes alors inconnues, offrant ainsi son concours à l'illustration de la botanique universelle, science alors naissante.

Le promeneur qui choisit de s'attarder devant le monument Louis Hébert est tout naturellement amené à lever la tête et à suivre la direction du regard imprimée à la sculpture. Ce regard semble bien sûr embrasser l'ensemble des terrains défrichés sous l'impulsion de l'apothicaire, mais pour cela il doit franchir le mur qui sépare la rue Port-Dauphin des jardins du Séminaire. Derrière ce mur, là où règne maintenant un parking sur

Là lis la noblesse démocratique du lilas.

gravelle à trous, verdissait il y a deux siècles un des plus agréables jardins boisés de la capitale, dont il ne reste que deux grandes plates-bandes circulaires et quelques beaux arbres, reliefs de l'opulence ancienne. Cette dépossession ne doit pas décourager le promeneur. Qu'il y pénètre donc (la grille est toujours ouverte), qu'il suive par l'intérieur le haut mur de pierre. Il découvrira, à l'endroit exact où la rue Port-Dauphin devient la rue des Remparts, l'un des petits lieux les plus plaisants de Québec et qui constitue en quelque sorte le belvédère caché du parc Montmorency qui est lui-même un grand belvédère ouvert. C'est au mois de juin, au temps des lilas, qu'il faut le découvrir. Là, en effet, les arbustes floraux forment un massif touffu où se dissimule, appuyé contre le mur, un tertre accessible par un escalier menant à de courts sentiers bordés de bancs. Une pergola de bois flanque et complète l'œuvre horticole. De cette hauteur on peut non seulement admirer tout ce qui se déploie au-delà du port, mais aussi dominer dans un seul regard l'ensemble du parc Montmorency. Point d'observation à l'écart des mouvements de la ville, cette plate-forme me rappelle certains jardins zen propices à la méditation solitaire, à la lecture en plein air, au ressourcement intérieur. N'est-ce pas l'ensemble de tous ces petits lieux, tout à la fois secrets et publics, dérobés et accueillants, qui constituent l'aspect mystérieux et poétique de la ville, qui confèrent à un espace somme toute restreint son caractère d'infini ?

À ma dernière visite au tertre sous les lilas, pendant que je me repaissais de calme dans la fraîcheur parfumée, j'ai vu tout à coup apparaître un merle à la poitrine de braise. Il picora un moment le sol humide, sauta sur un banc puis sur une branche, pour enfin disparaître sous la coupole végétale. J'allai voir. L'oiseau était sur son nid et son œil grand ouvert semblait me dire que tout milieu, ville ou nature, se révèle par la chaîne inépuisable des humbles choses.

« La lente flèche de la beauté. » Nietzsche

La cour des petits du Séminaire de Québec

Marchant dans la cour des élèves du Séminaire de Québec, on imagine facilement, malgré le silence qui y règne aujourd'hui, les cris des enfants en pleine récréation. En fait, cet espace encore libre de toute construction fait partie d'un imposant ensemble conventuel fondé par le premier évêque de Québec, Mgr François de Laval, en 1663. Bien inscrit dans le paysage de la haute-ville, le décor est demeuré sensiblement le même depuis plus de trois siècles. Mais quelle est donc son histoire ?

Appelés sur les lieux en 1991, avant que les travaux projetés pour l'agrandissement du Musée du Séminaire ne viennent perturber cet espace, les archéologues ont fait des découvertes étonnantes. Ils ont d'abord trouvé les restes de deux jeux de paume, appelés aussi jeux de pelote, dont la partie la plus ancienne remonte à 1854 et repose sur des fondations de maçonnerie pleines et d'excellente qualité. Il semble que nul jeu n'ait été plus populaire dans la cour du Séminaire au XIXe siècle.

Quelques centimètres sous ces jeux de balle, les archéologues ont mis au jour les traces du mur de façade et du mur de refend d'un long bâtiment servant sans aucun doute d'entrepôt et fermant la cour du côté nord de 1713 à 1759. Pas très loin de l'entrepôt, à peine quelques centimètres sous la surface asphaltée, on a découvert un puits de belle facture, de cinq mètres de diamètre construit en 1713. L'envergure des vestiges du puits associée à la découverte de l'entrepôt, parlent en faveur du caractère institutionnel et permanent de tels aménagements, signe que le Séminaire de Québec a passé le cap des premiers balbutiements et s'implante désormais à demeure à Québec.

Les fouilles archéologiques ont aussi montré l'insalubrité des espaces inoccupés en milieu urbain, tant au XVIIe siècle qu'au XVIIIe siècle. Les milliers de fragments de céramique et de verre et l'abondance des restes alimentaires dans la cour confirment la présence coutumière de déchets domestiques à proximité des bâtiments. Par contre, la diminution et la quasi-absence de rebuts associés aux contextes archéologiques du XIXe siècle révèlent les préoccupations nouvelles des résidants, concernant leur environnement immédiat et les normes d'hygiène en milieu urbain à cette époque. Par ailleurs, les rebuts trouvés témoignent d'une certaine frugalité dans les pratiques alimentaires.

Mais la découverte la plus exceptionnelle qu'on ait faite dans la cour des petits est celle des vestiges de la première ferme du pays, celle de Louis Hébert et de son gendre Guillaume Couillard. On savait déjà que la fille du fermier, devenue veuve, avait vendu ses terres et ses possessions à Mgr de Laval en 1666. On savait aussi que, de 1668 à 1677, en attendant la construc-

tion des premiers édifices du Séminaire, treize pensionnaires, dont six Hurons, avaient logé dans la maison léguée par Guillemette Couillard. Et voilà qu'on découvre les vestiges de la première exploitation agricole de la Nouvelle-France, l'une des toutes premières traces d'occupation domestique européenne en Amérique du Nord.

Premier colon français à s'amener en Nouvelle-France avec femme et enfants, Louis Hébert s'établit sur le plateau de Québec en 1617, au cœur même d'un territoire reconnu, par la suite, pour la présence quasi exclusive de communautés religieuses. Homme de confiance de Samuel de Champlain et seigneur du fief Sault-au-Matelot, Hébert, aidé de son gendre, déboise, cultive et bâtit maison et dépendances. En dégageant les fondations d'un bâtiment construit il y a près de 400 ans et devant l'abondance, la qualité et la diversité des objets recueillis à l'intérieur et aux alentours, les archéologues peuvent aujourd'hui affirmer, sans le moindre doute, qu'il s'agit bel et bien du premier logis ayant appartenu aux familles Hébert et Couillard.

J. P.

Source : Ville de Québec, *Un parcours en cinq temps*, Québec, 1993, p. 16-22.

Le parc Montmorency

À l'origine, l'espace occupé aujourd'hui par le parc Montmorency, au sommet de la côte de la Montagne, fait partie du fief Sault-au-Matelot, la propriété du seigneur Louis Hébert. Premier colon français à s'établir en Nouvelle-France avec femme et enfants, Hébert s'installe dès 1617 sur le plateau de Québec.

En 1666, devenue veuve, la fille de Louis Hébert, Guillemette Couillard, vend ses terres et ses possessions à Mgr de Laval, qui y fera construire, de 1668 à 1677, les premiers édifices du Séminaire de Québec. Le deuxième évêque de Québec, Jean-Baptiste de La Croix de Chevrières de Saint-Vallier, qui voit grand, fait construire, de 1693 à 1695, à l'emplacement du parc Montmorency, un imposant palais épiscopal, suivant les plans de l'entrepreneur en bâtiment Claude Baillif. À l'été 1759, les bombardements de la flotte anglaise infligent des dommages importants à l'édifice, mais l'évêque Jean-Olivier Briand consent de fortes sommes pour le restaurer en 1766.

Vaste résidence, le palais épiscopal est loué, à compter de 1777; le gouverneur Guy Carleton et les conseillers législatifs y tiennent leurs réunions. En 1792, après l'octroi par l'Angleterre d'une chambre d'assemblée au Bas-Canada, les députés font du palais épiscopal le premier Hôtel du Parlement à Québec, Mgr Bernard-Claude Panet accepte de céder l'édifice au gouvernement en 1830. Enfin propriétaire des lieux, ce dernier décide d'y aménager graduellement un nouvel Hôtel du Parlement. Selon les plans de Thomas Baillairgé, fils de François, on érige d'abord l'aile nord-ouest, puis on se donne une véritable salle de séances, sur le site de la chapelle qui jouait déjà ce rôle depuis 40 ans. Inaugurée en 1835, cette nouvelle section de l'édifice a belle allure avec, en façade, ses quatre colonnes qui soutiennent un fronton arborant les armoiries royales.

Après la rébellion de 1837-1838, les libertés civiles sont suspendues et le gouvernement britannique dépêche un enquêteur, lord Durham. Celui-ci propose l'union des deux Canadas, administrés par un seul gouvernement et un seul Parlement, et il est entendu. Pour ne pas déplaire aux habitants du Canada-Ouest, le gouverneur, lord Sydenham, choisit Kingston comme capitale, à mi-chemin entre Québec et Toronto. À Québec, l'Hôtel du Parlement servira désormais d'hôtel de ville. Cependant les députés du Canada-Uni n'aiment pas Kingston, qui offre peu d'avantages. Alors on déménage l'Hôtel du Parlement à Montréal. Mais ce n'est guère mieux. En 1849, quand on veut indemniser les habitants du Bas-Canada qui ont subi des pertes au cours des événements de 1837-1838, des émeutiers brûlent l'édifice. Alors les parlementaires s'installent à Toronto pour deux ans, pendant qu'à Québec le département des Travaux publics s'empresse d'achever la construction de l'édifice projeté en 1831. L'aile nord-est du vieux palais épiscopal est démolie pour faire place à une nouvelle aile, plus moderne. En 1852, les hommes politiques du Canada-Uni, de retour à Québec, prennent possession du plus beau de tous les édifices parlementaires qu'ils aient occupés jusque-là. On répète qu'il est le plus bel Hôtel du Parlement de tout l'Empire britannique.

Le 1er février 1854, le feu prend dans la nouvelle aile nord-est et se propage à tout l'édifice. Les parlementaires doivent se remettre à la recherche d'un nouvel Hôtel du Parlement. De 1854 à 1856, avant que le Parlement déménage une fois de plus à Toronto, ils logent au couvent des sœurs de la Charité, puis à l'Académie de musique et, enfin, au palais de justice.

En 1859, on élève toujours sur le site de l'ancien palais épiscopal et d'après les plans de Frederick Preston Rubidge, architecte au département des Travaux publics du Canada-Uni, un Hôtel du Parlement temporaire, qui sert de 1860 à 1865, soit jusqu'à l'installation définitive de l'Hôtel du Parlement canadien à Ottawa. Au cours des premières années de la Confédération, le gouvernement du Québec loge dans ce parlement temporaire du haut de la côte de la Montagne. Mais rapidement on songe à un nouvel édifice. Le bâtiment de Rubidge, beaucoup moins somptueux que le précédent et que l'architecte Charles Baillairgé n'hésite pas à comparer à une usine de chaussures, est franchement trop peu spacieux.

Quoi qu'il en soit, l'édifice brûle en 1884 et on décide de faire un parc de ce bel espace surplombant la basse-ville. On y effectuera simplement quelques aménagements discrets et on y plantera des arbres.

À proximité de la rue des Remparts, le monument à Louis Hébert, Marie Rollet et Guillaume Couillard, œuvre du sculpteur Alfred Laliberté, commémore le tricentenaire de l'arrivée de ces premiers colons en 1617, précisément à cet endroit.

Un peu plus loin, près de la côte de la Montagne, se trouve le monument à George-Étienne Cartier, une œuvre du sculpteur George W. Hill. Inauguré en 1920 et fruit d'une souscription publique à l'occasion du centième anniversaire de la naissance de ce Père de la Confédération, le monument est une réplique de la statue de Cartier qui se trouve au pied du mont Royal, à Montréal.

J. P.

Source : La Commission de la capitale nationale du Québec, *La capitale : lieu du pouvoir*, Les Publications du Québec (Québec), 1997, 135 pages.

Avec l'être humain dans un paysage, tout s'éclaire enfin.

Des moments, des lieux, des gens et quelques oiseaux

Le visage de Québec est l'un des plus émouvants parmi les visages du monde.

Alain Grandbois

Je connais une femme qui s'octroie chaque matin dix-sept minutes de pur plaisir. Dix-sept minutes, c'est le temps qu'elle met à parcourir le trajet qui sépare l'avenue Laurier du couvent des Ursulines où elle va reconduire à pied sa fillette de neuf ans. L'avenue Laurier, elles la suivent jusqu'au bout, jusqu'à la grille qui derrière l'édifice H donne accès aux plaines d'Abraham. Elles traversent l'avenue George-VI, passent sous la voûte d'un bas tunnel pratiqué dans le mur des fortifications et débouchent dans la côte de la Citadelle qui les mène derrière la porte Saint-Louis, en face de l'Esplanade. Tout de suite apparaissent la rue D'Auteuil et l'étroite ruelle des Ursulines, haut corridor de belles pierres, qui permet d'aboutir, une fois franchie la rue Sainte-Ursule, à l'entrée ouest du couvent.

Sur leur route, chaque matin, entre huit heures dix et huit heures vingt-sept, surgissent mille détails de la vie urbaine, des bruits neufs, des musiques de langues lointaines, des morceaux de vie inattendus, maints aperçus nouveaux que l'enfant commente et transforme en vision fraîche.

Tout est rythme là où un corps plonge dans le réel.

Chaque jour apporte son lot inédit et aussi sa trame coutumière. C'est toujours au même endroit, le long du jardin Jeanne-d'Arc, que chaque matin à la même heure, sous le soleil ou dans la grisaille, elles rencontrent les deux promeneurs que la fillette appellent: *les deux monsieurs qui s'aiment*. À moins que ce soit: *les deux messieurs qui sèment*! Il s'agit de deux hommes âgés, deux frères, qui marchent d'un pas vif, bras dessus bras dessous, l'hiver en manteau de chat sauvage, l'été en coton pâle et casquette de toile. Le plus âgé, un médecin à la retraite, tient une canne blanche et parle d'abondance. En réalité les marcheurs sèment autour d'eux, d'une voix vigoureuse, un halo de paroles volantes qui ne sont pas des mots en l'air, des paroles où passent des noms de pays, des personnages politiques, des événements, des commentaires sur tout ce qui préoccupe deux esprits ouverts sur le monde.

La femme m'a dit à ce propos: « Comme c'est stimulant de les voir et de les entendre. Il est évident que pour ces deux hommes chargés d'années la vie est encore inépuisable et le sera jusqu'à la fin. Ils savent exprimer ce qu'ils reçoivent de chaque journée, ils savent que chaque jour est un don qu'il convient de rendre d'une manière ou d'une autre. J'aime les voir. Ils évoquent l'amitié, la santé et je ne sais quel effet thérapeutique de la marche matinale que rythme une conversation abondante, le tissu quotidien de la joie d'être au monde. »

* * *

C'est un naturaliste professionnel, un Parisien voyageur, à la fois marin, botaniste, explorateur. La planète entière est son domaine. Je le crois chez les oiseaux des Galapagos alors qu'il herborise quelque part sur la côte du Labrador; il scrute la végétation des Andes péruviennes quand je l'imagine dans sa forêt de Rambouillet. De temps à autre il s'arrête à Québec pour rendre ses devoirs à l'amitié et aussi, m'a-t-il confié un jour, pour retrouver une certaine odeur qui n'existe nulle part ailleurs.

– Et de quoi elle est faite cette odeur de Québec ?

– Elle réunit l'essence des résineux, le crottin des chevaux, la pâte du bois de pulpe, un vieux fond de sédiments transporté par le fleuve. Et peut-être aussi l'émanation corporelle de ces milliers de femmes qui sont, tous en conviennent, parmi les plus belles qui soient.

* * *

S'il était possible de parler de sentiers urbains, j'élirais comme le plus plaisant de tous ce ruban d'asphalte plus étroit qu'un trottoir, presque embossé dans le sol, et qui ondule et qui serpente sous les grands arbres, près du Musée, depuis le monument de Wolfe jusqu'à la rue Briand, longeant l'avenue George-VI derrière le couvent des Dominicains, les appartements du Château Saint-Louis et les serres des horticulteurs. Il m'arrive d'aller y marcher, en fin de journée le plus souvent, pour réfléchir à mon travail et poursuivre *sotto voce* quelque conversation commencée vingt ans plus tôt avec Gabrielle Roy. Elle circulait alors très peu à travers la ville, si tant est qu'elle se le fût jamais permis. Tout au plus acceptait-elle, en mai ou en octobre, mon invitation à une promenade.

– Oui, allons retrouver notre petit lé sous les liards et les érables !

Petite branche rougit dans l'arbre.
Tes paroles sont chaudes quand tu mûris.

Ici-même, un jour, elle m'a dit : les grands arbres attirent les grands vents.

Je n'avais pas longue route à faire pour aller la rejoindre sur le perron arrière du Château Saint-Louis où elle habitait depuis son installation à Québec. J'aimais sa conversation alerte, imagée, souvent drôle, toujours intelligente, chargée d'anecdotes et de réflexions. Que n'ai-je appris d'elle sur la vie et sur le métier d'écrire. Et sur l'art de discerner les murmures voilés qui nous entourent. Je me souviens de cet après-midi où nous nous étions amusés à percevoir la douceur et la musicalité du vent dans les feuillages, à tenter de qualifier le vent qui anime l'érable et le distinguer du souffle qui fait chanter le cormier, le peuplier ou l'orme. « Elles sont toutes là, me dit-elle, les nuances de la première musique de la terre. Pister le mot juste pour les exprimer ressemble au travail de l'écrivain désireux de traduire le moindre repli du cœur humain. »

Une autre fois (en mai 1980) elle me raconta un séjour fait à l'hôpital l'automne précédent. « La grande maladie nous permet parfois de faire une expérience capitale : celle de la libération. Quand on voit venir la fin, on se sent tout à coup comme absout. Et l'on ressent une grande faim de quelque chose qui nous échappe. »

Plus tard la conversation nous ramena sur cette idée : « Ne croyez-vous pas que le sujet de toute œuvre, c'est la libération ? Mais où se trouve la vraie libération ? Dans la science ? Dans la technique ? Dans la psychologie ? Comment l'être humain peut-il arriver à la libération dans le temps si bref que dure une vie ? Voilà la grande question qui taraude l'esprit de tout créateur. »

Je passai la barrière, ouvris les bras à la vie spacieuse.

* * *

La rue Taché, qui conduit de la Grande Allée au jardin Jeanne-d'Arc, est loin d'être la voie la plus longue, mais c'est une des plus agréables du quartier. Son terre-plein en pente où parasolent deux rangées d'ormes forme un square minuscule marquant le point le plus élevé de Québec. Cette rue porte deux monuments collés pour ainsi dire l'un à l'autre. Certains diront que le plus remarquable est la tour Martello n° 2, toute enveloppée de végétation, logeant un petit musée consacré à l'astronomie et à l'art ancien de la navigation. Je ne méprise nullement cette masse de pierres aveugle et un peu boulotte, mais j'éprouve une sorte d'attachement sentimental pour la vasque verte et blanche alimentée par quatre poissons suspendus au style de fonte et qui chantepleurent. Durant les mois sans neige tous les caléchiers viennent y désaltérer leur cheval.

Je n'aperçois jamais cette fontaine sans penser à Nietzsche, le philosophe lyrique

Je vois tout puisque je m'abreuve aux réalités premières.

de la connaissance et de la liberté, et plus précisément à l'épisode le plus dramatique de sa vie. Un matin de 1889, il sort de son hôtel, à Turin, et dans la rue il remarque un charretier occupé à supplicier son cheval. Nietzsche fond en larmes, il court embrasser l'animal et perd conscience. C'est le début de ses onze années de démence et d'aphasie. Je me demande souvent ce que le philosophe aurait pensé de l'histoire de cette fontaine ? Aurait-il été sensible au fait qu'en 1898 un groupe de femmes catholiques avait organisé une campagne de financement dans le but de fournir un abreuvoir aux chevaux de la ville ?

* * *

Jamais je n'aurais cru en venant m'établir à Québec, au début des années 1970, que j'y rencontrerais autant d'oiseaux. Mon premier appartement occupait, rue Aberdeen, l'étage et les combles d'une maison qu'ombrageait un érable à Giguère de belle vitalité. C'est là, à mon premier été en ville, durant la canicule, que je fis connaissance avec les engoulevents qui le soir chassaient tout là-haut, à la manière des faucons, les insectes soulevés par les masses d'air chaud. Ces oiseaux-là, je ne les ai vus nulle part ailleurs qu'ici : ils sont devenus l'image même du grand ciel de Québec.

Puis vint ce jour de septembre où apparurent derrière les fenêtres, pour se reposer dans les branches de l'érable et sur les fils électriques, une bonne centaine d'oiseaux qui ressemblaient à des hirondelles sans toutefois présenter les couleurs des espèces familières. Une rapide consultation de mon guide Peterson me confirma leur identité : mes visiteuses étaient des hirondelles pourprées, que l'on nomme aujourd'hui hirondelles noires, oiseaux acceptant de nicher, en colonie, dans des maisonnettes à logements multiples. Pendant des heures je m'abîmai dans la contemplation de ces oiseaux aux formes raffinées, au plumage frotté de marron et d'indigo, à ce point que leur image s'est à jamais fixée dans ma mémoire. Bien m'en prit. Si je les ai revus l'été suivant sur les plaines d'Abraham, je dus reconnaître par la suite qu'ils avaient déserté nos quartiers urbains. Ce sont elles, les hirondelles pourprées, qui, je pense, m'ont encouragé à étudier sérieusement le monde des ailes et dans un premier temps à explorer tous les parcs de la ville.

J'ai raconté dans un autre chapitre de ce livre mes observations dans les boisés des plaines. Je n'ai encore rien dit de mes autres découvertes d'alors, celle par exemple de mon grand duc du parc Montmorency, le même qui fut pris en chasse par des citoyens que la vieille peur du hibou affolait; celle aussi du viréo aux yeux rouges au Cavalier-du-Moulin; celle du moqueur chat dans un conifère de l'ancien îlot Saint-Patrick; et combien d'autres. Et je n'oublie pas les grandes voiles blanches qui au printemps et en automne ondulent d'oies des neiges et font crier l'espace d'en haut.

À l'aise dans l'eau, vif dans l'air, d'aplomb sur ses pieds, le canard, le sauvage, le fidèle, arrive presque à dire un début de bonheur.

Les jardins de l'Hôtel-de-ville allaient me réserver une surprise. Un matin du début de l'été, je me dirigeais chez mon ami, le peintre Denys Morisset dont l'appartement-atelier donnait directement sur la place de l'Hôtel-de-Ville. De la haie de chèvrefeuille qui longeait la rue Sainte-Anne, à deux pas d'un Louis Hébert de bronze brandissant sa gerbe de céréales, surgit un lutin emplumé en qui je reconnus le bruant à gorge blanche,

notre « Petit Frédéric ». Son nid, bien dissimulé dans un arbuste, échappait aux regards des milliers de passants qui chaque jour le frôlaient. Cette trouvaille aiguisa mon espoir de dénicher au centre même de la ville d'autres volatiles. Je fis part bien sûr de mon aventure à mon ami le peintre, qui me narra l'histoire de sa corneille apprivoisée.

Au printemps de 1969 il aperçoit sur un trottoir de la Grande Allée une jeune corneille blessée. Il la ramène chez lui, à l'abri sous son manteau, la soigne et l'installe dans la chambre d'amis où rapidement elle reprend des forces, vole bientôt dans toutes les pièces, se lie même d'amitié avec Rex, le labrador. Le 24 juin, des centaines de loustics envahissent la place dans l'attente du défilé de la Saint-Jean. À une heure de l'après-midi, la corneille, mise en émoi par la liesse générale, prend tout à coup son essor, passe la fenêtre ouverte et se pose dans un des ormes de la place. La scène n'a pas échappé à un des spectateurs, un homme d'une cinquantaine d'années, qui, se croyant sans doute un peu chat, entreprend de grimper au poteau d'un lampadaire. La foule bientôt se passionne pour cette fanfaronnade déguisée en acte de bravoure et, par des houles de Ah! et de Oh! déferlant en vagues de «plus haut, plus haut!», anime le sauveteur. Il est maintenant suspendu aux boules blanches du réverbère. Il va toucher enfin à la branche où gîte l'oiseau noir… qui choisit ce moment pour s'esquiver. Que va faire notre héros? Redescendre? Pensez donc! Est-ce la peur ou le vertige qui le paralyse sur son juchoir? La foule a beau gonfler sa rumeur de quolibets et de rires, l'audacieux, pétrifié de honte, reste accroché à sa bouée jusqu'à l'arrivée des pompiers. Une heure plus tard la corneille réapparaît, assiste un moment au passage des chars allégoriques puis, avec naturel, d'un vol précis, presque nonchalant, regagne par la fenêtre ouverte son chez-soi.

C'est ainsi que la place de l'Hôtel-de-ville est devenue pour moi la place des oiseaux.

* * *

Mon ami Temple, poète et écrivain, arrivait de Montpellier pour participer à une manifestation d'artistes organisée, au début de l'été 1989, sous le thème des *Paysages verticaux*. Je le retrouvai un matin, par hasard, assis sur un banc du jardin Jeanne-d'Arc, un carnet vierge sur ses genoux, en pleine réflexion. «Comme c'est étrange, me dit-il avec son air narquois. On m'invite pour que j'écrive un texte sur la verticalité de Québec, mais pour moi, sauf quelques côtes raides et trois édifices de vingt étages, tout est horizontal dans cette ville magnifique : les montagnes lentes, rabotées, comme couchées sur l'horizon; le fleuve et son estuaire démesuré ; la terrasse, les plaines, les grands boulevards; la citadelle presque enfouie sous son plateau de verdure; le regard qui partout file droit, sans obstacles, sur des kilomètres. Tout dans ce paysage tend vers l'horizontalité. »

– C'est que la verticalité de Québec, lui dis-je, est invisible. Elle est d'abord dans le temps, elle repose, en couches superposées, sur quatre siècles porteurs d'événements. Elle est aussi sous nos pas. On a peine à imaginer tout ce qui dort sous le sol de Québec. En fait tout le Régime français est sous terre. Les archéologues ont mis au jour des quais enfouis, des bateaux engainés de boue pétrifiée, des ruines, des fondations oubliées. Je connais – tout près d'ici, tiens ! – à deux pas de l'entrée du Musée, un talus qui sépare l'ancienne prison du monument à Wolfe. Qui sait que ce tertre recouvre les corps de plusieurs soldats anglais occis le 13 septembre 1759? Ce fait apparaît dans les mémoires du capitaine J. E. Bernier, explorateur de l'Arctique, qui fut un temps directeur de la prison de Québec à partir de 1895. Il y avait à cet endroit, dans une légère dépression, des arbustes où venaient parfois se cacher des amis des prisonniers. Bernier ordonna qu'on arrache les broussailles et qu'on nivelle le terrain. Les travaux exhument les squelettes britanniques avec tous les objets permettant l'identification. Qu'en faire? Le plus simple est de tout remettre en terre et d'aménager le terrain dans l'état où il se trouve encore aujourd'hui.

* * *

Si tu es seul, bois le lait.
Si tu t'en viens parmi les autres, nourris tes yeux.

J'ai toujours eu un faible pour la rue D'Auteuil. Au cours de mes promenades je fais toujours en sorte d'accéder au Vieux-Québec par la porte Saint-Louis; je peux ainsi envisager, dans tout son empan, par-delà l'espace dégagé de l'Esplanade, qui fut pendant un siècle terrain de parade et lieu de promenade, l'alignement des belles maisons de cette rue ancienne. Toujours je me revois en cet après-midi de mai 1953. Le père de mon camarade Soucy nous avait amenés de Lauzon à Québec acheter notre attirail scout dans un étroit magasin logé, en sous-sol, au coin des rues Saint-Louis et D'Auteuil. Cette rue, nous l'avions parcourue sur toute sa longueur depuis la rue Saint-Jean. Une lumière fastueuse coulait sur la ville, mais le soleil que je retrouve dans ma mémoire est d'un autre

Vent du matin mène à la sérénité du soir.

ordre. Il semble irradier de chaque pierre de chaque maison, de la variété et du raffinement des portes de bois, des fenêtres donnant sur le trottoir, de l'animation de la rue, si nouvelle pour moi. Je me souviens avoir confié à mes accompagnateurs qu'ici, dans cette rue ou du moins dans cette ville, je passerais bien le reste de ma vie.

Encore aujourd'hui certaines maisons ouvrent toujours la même porte dans ma mémoire. Il en est ainsi de l'ancien Cercle universitaire sis au n° 63. J'en ai franchi le seuil pour la première fois le 16 décembre 1970. Une personne rencontrée dans un café de la rue Saint-Jean m'avait invité à la suivre sous la promesse de me faire rencontrer le plus grand poète vivant du Québec. Nous sommes entrés dans le hall aux boiseries ouvragées. Un large escalier nous mena à l'étage où dans un salon avait lieu le lancement d'une édition luxueuse des *Poèmes* d'Alain Grandbois. Depuis longtemps j'admirais le poète des *Îles de la nuit*; le sachant malade et retiré, je n'aurais jamais espéré faire sa connaissance. Il était là, au bout de la pièce, vêtu d'un sobre costume trop grand pour lui, assis aux côtés de sa femme Marguerite, toute en prévenance pour son compagnon. On me dirigea vers le couple, on me présenta. Alain Grandbois s'est levé en s'appuyant sur sa canne. Tout son être exprimait, derrière une apparence de réserve, la dignité un peu fanée d'un prince en exil. J'allais lui serrer la main quand il me dit: «Pas trop fort. Cette main est un nœud de tourment.» Il s'enquit de mon travail, de mes ambitions, et demanda qu'on apporte un exemplaire du grand volume relié de toile écrue, illustré par Richard Lacroix. Il retrouva sa chaise pour rédiger d'une main incertaine la dédicace. Tous ces gestes sont marqués au burin dans ma mémoire.

Je revis le poète cinq ans plus tard, mais sa main ce jour-là ne portait plus son nœud de tourment. C'était le matin de ses obsèques, le 23 mars 1975. Avec quelques amis poètes je m'étais rendu à son domicile de la rue Casot présenter mes condoléances à sa femme qui, après un accueil simple et cordial, nous fit le récit des derniers jours de son mari. Au médecin qui lui demandait de lui indiquer le lieu exact de sa souffrance, il répondit: «Je ne ressens pas une douleur, je suis la douleur.» Marguerite nous introduisit dans une pièce toute lambrissée de livres et de petits tableaux. Au centre reposait le sobre cercueil de bois verni. Alain Grandbois y semblait tout menu tant sa maigreur était apparente. Son visage était d'une beauté irradiante. Ses rides, très profondes depuis longtemps, avaient disparu. Pour agréer un désir de

Si tu te sens un peu maison, tu percevras le nid de ta propre naissance.

sa femme il avait laissé pousser sa barbe, ce qui rapprochait son visage du masque mortuaire de Lénine. Comme les siens les os de ses joues avaient un caractère mi-slave mi-oriental. Je me dis alors que son premier livre de poèmes, publié en Chine en 1934, il le portait déjà dans son corps.

* * *

Qui m'aurait dit qu'en entreprenant tout à l'heure cette promenade je retrouverais autant de souvenirs qui ont tous un rapport direct avec la passion des livres?

Je descendais la rue Saint-Louis, sur le trottoir de gauche. Devant une des portes cochères qui percent l'alignement harmonieux des maisons, ma mémoire d'un coup me transporta au début des années soixante, un jour d'été. J'aperçus cet après-midi-là, au même endroit, appuyé contre le mur de pierres, un écriteau joliment dessiné qui disait: « Venez rencontrer le comte de Tyezkiewiecz, artiste peintre. L'atelier est au fond de la cour. » Jamais je n'avais visité l'atelier d'un artiste; je me hasardai au bout d'un temps à passer le porche. Une sorte de hangar, dont je sais maintenant qu'il s'agissait d'une ancienne écurie, ouvrait de plain-pied sur la cour, où je rencontrai un homme qui prenait le soleil sur une chaise de jardin et qui lisait. Il était grand, maigre, vêtu avec goût. De son visage seule la longue chevelure blanche, ornement inhabituel à l'époque, persiste dans ma mémoire. Il m'accueillit avec aménité, se leva et me précéda dans son domaine, une seule grande pièce où s'entassaient un grabat, une table, un chevalet, le matériel d'artiste, des toiles, des portraits, des paysages urbains. Je ne garde aucune trace précise de ces œuvres destinées aux touristes. Je revois très bien en revanche une basse étagère qui logeait une quinzaine d'in-quarto anciens, reliés en cuir brun, qui dans ce bric-à-brac prenaient un caractère insolite. Mon hôte, pour assouvir ma curiosité, me dit que ces volumes contenaient les œuvres complètes du duc de Saint-Simon. Cette collection du reste constituait toute sa bibliothèque, son seul bien, qui le suivait partout dans ses voyages. D'où venait ce peintre? De Pologne sans doute, à en croire son nom et son accent. Était-il vraiment de la noblesse? Rien ne me permet d'en douter. Ce qui importe, c'est que cet original a enchanté, cet été-là, mes promenades dans le Quartier latin en me parlant de peinture, des grandes villes d'Europe et en me récitant des pages entières du mémorialiste dont il m'invitait à goûter l'acuité du regard et la perfection du style. S'il m'arrive un jour, comme je le souhaite, de lire les *Mémoires* de Saint-Simon dans quelque île d'un lointain archipel, je me retrouverai d'un coup, je le sais, rue Saint-Louis, un jour de juillet 1960.

Aujourd'hui donc je me suis promené dans le Vieux-Québec.

Pour quitter la rue Saint-Louis je me suis engagé dans la rue du Parloir, longue de quelques dizaines de mètres, où l'on admire cinq ou six maisons construites selon les plans de Thomas Baillairgé et réunissant le style classique français et le modèle londonien. Les lecteurs d'Anne Hébert savent que c'est dans une de ces maisons aux façades austères que l'auteur a fait vivre un des personnages de son roman *Kamouraska*. On se souvient des premières lignes du livre: «L'été passa en entier. Mme Rolland, contre son habitude, ne quitta pas sa maison de la rue du Parloir.» L'endroit lie d'une autre façon

En face du 28, rue des Jardins.

notre littérature et le pays évoqué par le titre du roman. N'est-ce pas dans le manoir familial de Saint-Denis de Kamouraska que s'est retiré l'historien Thomas Chapais après avoir quitté sa résidence de la rue du Parloir?

Voici tout de suite, au bout de la voie, la rue Donnacona, une des plus jolies de Québec, qui l'espace de quelques enjambées vient rencontrer la rue des Jardins. Le carrefour donne naissance à une place miniature tout juste capable d'accueillir un seul monument qui, malgré sa taille modeste, ne peut laisser indifférent. Dédié « aux femmes qui dans l'anonymat ont fait de l'enseignement leur vocation », l'ouvrage de granit gris, d'une parfaite sobriété, supporte une sculpture où l'on voit une main de bronze offrir une plume d'oiseau.

Cette présence de la plume palpitait encore dans mon esprit pendant que je poursuivais ma promenade en descendant la rue des Jardins vers la place de l'Hôtel-de-Ville. Devant la maison portant le n° 28, toujours sur le trottoir de gauche, je fus envahi par un déferlement d'images. Cette étroite maison datant des années 1830 arbora, de 1955 à 1970, une fort jolie enseigne où apparaissaient ces simples mots: *Le Bouquiniste.* La devanture s'ornait d'une vitrine pas plus grande qu'une table à écrire. Je me souviens de la première fois où je me suis arrêté devant cette vitrinette. J'avais dix-huit ou dix-neuf ans, je découvrais Québec, la littérature occupait tout mon esprit. Tout de suite m'enchanta la vue de ces beaux livres, certains ouverts sur des typographies et des illustrations admirables, d'autres posés à plat, avec, en arrière-fond, des gravures et des cartes anciennes. J'ai mis du temps avant d'entrer dans le petit commerce de M. Gagnon. Je me contentais à chacune de mes visites de venir admirer les trésors déployés derrière la vitre.

Cette vitrine était merveilleuse pour une autre raison. Elle réfléchissait ce qui vivait de l'autre côté de la rue: les grands arbres qui derrière une haute grille de fer forgé entouraient la cathédrale anglicane et qui, dans l'espace qui la séparait du palais de justice, formaient un parc de belle ampleur. On devinait même à travers les troncs la fontaine de la place d'Armes. Sur la surface vitrée, donc, les livres se confondaient avec les verdures du jardin, les reliures aux ors délicats se mariaient aux pierres des monuments, les feuillages venaient bouger sur les sous-bois des caractères et sur les gravures désirables. C'est de là sans doute que me vient une naturelle propension à associer le parc et le livre, la joie de la lecture et le plaisir de la nature urbaine. Si bien qu'un parc me paraît une étendue décolorée et sans âme si durant les saisons propices je n'y découvre pas au moins une personne absorbée dans un livre.

Et puis un jour j'ai franchi le seuil du libraire d'ancien. Jamais je n'avais connu de lieu comme celui-ci, où la sobriété du décor, le bel alignement des volumes sur les rayonnages, l'odeur des cuirs et des papiers, la présence discrète de M. Gagnon ou de son épouse composaient une atmosphère de recueillement. Mes moyens ne me permettaient pas d'acquérir ce qui soulevait ma convoitise, mais le maître des lieux, qui ne péchait pas par excès de volubilité, acceptait toujours de répondre à mes questions. Lui qui avait tout lu devait connaître cette réflexion de Pablo Neruda: « Un bibliophile pauvre a souvent l'occasion de souffrir. Les livres ne lui échappent pas des mains, ils passent pardessus sa tête, à vol d'oiseau, sur les ailes de l'argent. »

M. Gagnon vit toujours. Je le vois parfois, de loin, traverser une rue ou arpenter un trottoir du quartier Montcalm. Un peu courbé, il avance d'un pas assuré, non pas perdu mais trouvé dans une longue réflexion où je vois défiler des in-octavo aux reliures en chagrin, des incunables aux claires enluminures, des éditions princeps sur pur chiffon, des in-folio enveloppés de cuir ambré, des grimoires à peine déchiffrables, toutes ces œuvres de belle venue qui disent la noble passion pour les objets de qualité, qui disent surtout, venant de la grande chose écrite, le pur plaisir.

Le regard infini

Les parcs représentent la nature primitive
travaillée par un art superbe.

Arthur Rimbaud

Si je cherche à comprendre pourquoi le parc du Cavalier-du-Moulin s'est toujours associé dans mon esprit avec la place Fürstemberg à Paris, je découvre que ces deux espaces possèdent un cachet, une atmosphère, un relief qui attribuent à l'un et à l'autre comme une aura de poésie. Voilà deux lieux urbains plutôt exigus, portant des arbres, des réverbères et des bancs, deux joyaux sertis dans des quartiers fréquentés, deux oasis inattendues, qui offrent au promeneur une halte où se compénètrent quiétude et beauté du décor.

La place Fürstemberg, quand on va de l'église Saint-Germain-des-Prés en direction de la Seine, on ne s'attend nullement à la découvrir. Elle s'ouvre soudain à mi-chemin de la courte voie qui relie la rue de l'Abbaye et la rue Jacob, elle est, à deux pas des boulevards et des carrefours bruyants du vieux Paris, comme une ouverture de frais silence où quelque chose survit d'un temps indéfinissable. C'est une œuvre de parfaite simplicité composée d'un terre-plein circulaire où quatre paulownias ceinturent un réverbère à boules blanches et ombragent deux bancs en vis-à-vis. Tout autour

Apprendre à lire les versets des nuages, les paragraphes des ombres sur les pavés, la ponctuation des arêtes et des flèches ; apprendre à lire la prose des feuillages et des toitures, le grand texte de la ville reflété par un visage.

Un banc public vaut bien deux canons dans l'art d'asseoir la paix.

s'élèvent les magnifiques maisons blanches, si caractéristiques du sixième arrondissement et, parmi elles, au n° 6, un commun de l'ancienne abbaye loge l'atelier qu'Eugène Delacroix occupa à la fin de sa vie. Le visiteur y découvrira une inoubliable collection d'aquarelles.

Le parc du Cavalier-du-Moulin, lui, on ne le rencontre pas à l'improviste en passant d'une rue à une autre. Il se dérobe derrière les grilles d'un portail fermant le haut de la rue Mont-Carmel, au centre du Québec *intra muros*. C'est un lieu discret, une île de verdure et de paix que découvre un jour ou l'autre le marcheur désireux d'atteindre, au-delà des façades et des monuments habituels, une autre dimension de la ville.

Je n'arrive pas à me rappeler à quel moment de ma vie se situe ma première visite au parc. Je sais seulement qu'avant de le connaître, j'avais entendu parler d'un cavalier du moulin que j'ai d'abord imaginé sous les traits d'une personne. Je l'appelais d'ailleurs le « petit cavalier Dumoulin ». Je voyais en lui un jeune homme fier et fringant, fils d'un habitant de l'île d'Orléans délogé de ses terres par l'avancée des soldats de Wolfe vers Québec. Ce combattant, à peine sorti de l'enfance, arriva dans la ville, monté sur son cheval, la veille de l'attaque; il cherchait, enfiévré d'audace, à se joindre

Il suffit d'un peu de bleu, de rouge, de jaune. Et voilà franchi le mur du paysage.

aux troupes françaises. Je le vois, au matin de la grande bataille, pousser sa monture vers Beauport pour avertir Montcalm de la présence des Habits rouges sur les hauteurs d'Abraham. Pourquoi ce petit cavalier avait-il donné son nom au parc, je n'en avais pas la moindre idée. Plus tard, bien sûr, j'ai appris que le mot cavalier désigne, dans notre langue, outre un soldat servant à cheval, un ouvrage militaire situé derrière une fortification, qu'il domine. Avec le temps je me suis familiarisé non seulement avec le parc, mais aussi avec la place qu'il occupe dans l'histoire de la ville.

Imaginons Québec au milieu du dix-septième siècle. En défrichant d'est en ouest les hauteurs du cap Diamant à même la forêt d'origine, les premiers colons découvrent, entre le fort Saint-Louis et le couvent des Ursulines, une butte rocheuse, point le plus élevé de l'espace aménagé, que l'on nomme bientôt Mont-Carmel. Dès 1658, alors que l'agglomération prend forme autour des bâtiments militaires et religieux, un certain Simon Denys, celui-là même qui possède le fief de la Trinité, à la Canardière, construit en bois un moulin sur la petite colline exposée aux vents dominants, moulin qui sera, en 1773, réédifié en pierre.

Puis vint 1690. La nouvelle de la progression des navires de Phips vers Québec amène Frontenac, qui avait promis de faire parler les canons, à fortifier en vitesse la ville basse et la ville haute. Il ordonne que soient installées trois pièces d'artillerie au Mont-Carmel : la vocation militaire du lieu commençait. Trois ans plus tard, le gouverneur charge les ingénieurs Le Rouge et Jeanson de parfaire les fortifications selon les plans du chevalier de Beaucourt. Sur une muraille de pierre on construit une redoute, de manière à former un cavalier. Naît ainsi le cavalier du Moulin qui, faut-il le préciser, ne fut le théâtre d'aucun fait d'armes.

Sous le Régime anglais, le cavalier, dépouillé de sa fonction défensive, se transforme peu à peu en jardin privé. On trouve même à cet endroit, en 1834, un cottage joliment ombragé servant de résidence à l'ingénieur militaire en chef. Quelques années plus tard les jardins sont réservés aux habitants du manoir sis au n° 31 de la rue Mont-Carmel, en lieu et place de l'actuel Conservatoire d'art dramatique. Il fallut attendre 1962 avant que le gouvernement du Québec acquière les jardins et les convertisse en parc public.

Vous confierai-je que ce n'est pas tant la présence de l'Histoire qui m'attire vers le petit parc que la qualité du silence que j'aspire à y trouver, qu'une très agréable harmonie du décor où une quarantaine d'arbres jeunes et grands, les trois lampadaires en fer forgé, les bancs, les îlots de pelouse, les allées de gravier séparant les bosselures du terrain, la muraille de l'enceinte, composent un des lieux les plus poétiques de la capitale. Je ne saurais dire ce qui me charme le plus dans ce jardin de ville. Est-ce le ramage incessant du viréo aux yeux rouges déboulant de la cime des grands ormes ou de la tête du peuplier deltoïde ? Est-ce la présence de l'amélanchier, l'arbre aimé pour la couleur de ses fruits, pour son hâtive floraison, pour cette généreuse offrande de fines étoiles que le moindre souffle commue en neige de pétales ? Est-ce la vue si reposante d'une liseuse sur son banc vert avec en arrière-fond, de plain-pied, la bibliothèque visible de la grande fenêtre du Conservatoire ? Est-ce le surgissement du grand ciel à travers les feuillages ? Est-ce la vue admirable que l'on a, au bord de l'ancienne fortification, sur le glacis de la citadelle, la rue Sainte-Geneviève, l'église Chalmers-Wesley, la chapelle du Sacré-Cœur, les tours du Parlement, les maisons de la rue Saint-Louis et là-bas, par-delà bien d'autres flèches, le bleu moutonnement des Laurentides sur l'horizon ? Est-ce l'étrange pressentiment de l'apparition imminente d'un visage, d'un glissement de sabots entre l'arbre et la pierre, d'un dos courbé sur une crinière ? Tout cela à la fois sans doute. Et plus encore peut-être la joie de retrouver à chacune de mes visites le jeune catalpa qui persiste à offrir la beauté de ses larges feuilles en as de pique, lui, le seul représentant de son espèce à survivre si loin, au nord, de sa zone de rusticité.

Je ne doute pas qu'un jour je verrai l'arbre s'allumer d'au moins une de ses fleurs blanches, fleurs qui présentent à l'aquarelliste le défi de rendre toutes les transparences de la subtile lumière. Avec cette première fleur du catalpa, le Cavalier-du-Moulin ouvrira comme un nouveau parfum dans la ville.

* * *

Et puis, un jour récent, à l'occasion d'une visite au Cavalier, j'ai flairé ce nouveau parfum. Ce fut comme une inspiration soudaine diffusant au fond de l'esprit des lueurs plutôt que dans le corps des sensations olfactives. Apparurent tout d'abord des couleurs qui firent tache, qui s'élargirent, se modifièrent par agglomération d'images en un dessin chatoyant où je reconnus finalement tous les détails d'une place de ville, si différente des places, squares et parcs connus que je commençai par douter de sa réalité. Serait-ce, me dis-je, la place idéale que tout promeneur urbain porte au fond de lui et qui représente le but inavoué de tant d'errances et de flâneries actives? L'image

Une partie des bâtiments du couvent des Ursulines. La pierre appelle la verdure. Le jardin demande la pierre.

Lire, c'est monter dans une clarté de soi-même.

était à ce point nette et détaillée que me vint un doute: peut-être cette place existe-t-elle vraiment, peut-être l'ai-je même déjà vue avant qu'un subterfuge de l'inconscient brouille ma mémoire? Peut-être est-elle là depuis longtemps au milieu de notre décor coutumier sans que nous puissions la reconnaître, ayant par manque de poésie désappris à percer les apparences? J'osai me dire enfin qu'il existe quelque part à Québec une place secrète, inaccessible au visiteur d'un jour, à moins qu'un long mûrissement du désir, une étude préalable n'amène celui-ci, dès son arrivée, à vouloir découvrir le cœur diamantin de la capitale.

Dès que l'image de cette place a étincelé dans mon esprit, j'ai su d'emblée qu'il me fallait la découvrir. Où se trouve-t-elle? Je l'ignore. Je sais seulement qu'on y accède en osant emprunter la plus banale des rues, une rue si effacée qu'elle n'apparaît sur aucun répertoire touristique. Dans cette rue court un haut mur percé d'une large porte de bois assez semblable aux disgracieuses portes de garage et sur laquelle on a inscrit, comme en graffiti, les mots «regard infini».

Un jour, vous vous enhardissez à ouvrir cette porte. Vous vous étonnez, au-delà du seuil, de déboucher non pas sur une cour ou même sur quelque terrain vague, mais dans une autre rue pavée de blocs de bois, une rue sans nom dont les maisons de bois rappellent par leur style les habitations que l'on voit parfois sur les daguerréotypes et qui, loin d'être caduques, sont faites de matériaux nobles, d'une impeccable solidité. Cette rue mène à une autre rue très étroite, toute en serpentements, au terme de laquelle bombe un petit pont pareil à celui qui traverse le nouvel étang du Bois-de-Coulonge. Une fois franchi un ruisseau d'eau claire où bouillent des familles d'oiseaux, vous débouchez finalement sur un espace dont les dimensions sont impossibles à évaluer. Cela vient du fait que tout ce que vous voyez est parfaitement familier et en même temps déborde ce que l'imagination peut concevoir. Les arbres tout d'abord. De quelles espèces sont-ils ? Il vous faudrait pour les identifier connaître la flore universelle. Celui-ci est un mélange d'orme et de baobab, celui-là un étrange croisement de tamaris et d'érable à sucre. D'autres s'élancent comme des flèches et déploient leur cime en parasol. D'autres encore marient le cèdre et le tamarinier pour devenir une large coupole opaque sous laquelle dorment des bancs de couleur verte. Tous ces végétaux, dont certains sont d'une taille formidable, ombragent des allées de fin gravier bordées de fleurs familières, des allées qui conduisent à des pavillons identiques aux kiosques à musique de la terrasse Dufferin, mais fermés par des verres aux reflets inépuisables. Ces pavillons sont au nombre de trois : le pavillon de l'Ouverture, le pavillon de la Cordialité, le pavillon de la Nature. Sans qu'on vous l'ait appris, vous savez que la visite de ces rotondes où ne flotte – ô miracle ! – aucun drapeau, vous renseignera sur l'histoire de la ville, sur l'esprit de ses habitants, sur tout ce qui y est rêvé, désiré, entrepris, et aussi sur les rapports entre le local et l'universel. Est-il besoin d'ajouter que ces pavillons réunissent le temple, la halte, le restaurant et le musée ?

Réflexion sur la force.

Avez-vous déjà rêvé de retrouver en un seul lieu la vraie richesse de la ville, tout ce qui en elle ne peut mourir, tout ce qui survivra aux incendies, aux

Le sentier toujours parle par lui-même.

destructions, aux spoliations des vire-de-long et des voraces ? Le pavillon de l'Ouverture vous l'offrira par la présentation de tous les textes que les écrivains d'ici et d'ailleurs ont consacrés à Québec.

Le pavillon de la Cordialité, pour sa part, répond au désir de goûter aux saveurs de la ville, saveurs de bouche et saveurs subtiles, et de humer chaque parfum, chaque odeur de chaque saison, de chaque époque.

Quant au pavillon de la Nature, il restitue les chants de toutes les fêtes, les musiques du fleuve, le répertoire des oiseaux, les rythmes et les accents de la langue parlée, les inflexions du paysage, la manière dont la proximité du Nord marque le caractère.

C'est en reconnaissant l'arbre que tu portes que tu te réconcilies avec le nord de toute vie.

À aucun moment, depuis votre arrivée, vous n'avez douté que vous êtes à Québec. De partout vous apercevez un aspect du décor connu. Du pavillon de l'Ouverture vous jouissez d'une vue imparable sur les Laurentides, alors qu'au carrefour de deux allées, en face du pavillon de la Nature, vous reconnaissez l'épanouissement du fleuve vers l'île d'Orléans, vers Beauport et vers la Côte-du-Sud. Les quatre vents de Québec, le nordet, le soroît, le noroît, le vent d'ouest, les quatre vents font sentir leur souffle particulier. Où que vous vous trouviez, les schistes du promontoire, les berges de la Saint-Charles, les escaliers aux contremarches ornementées, le compas de nos meilleurs architectes révèlent leur présence.

Le pourquoi des fleurs précède le pourquoi de la musique. Mais le pourquoi de la musique anticipe le pourquoi de la peinture.

Et puis vous atteignez ce vers quoi tout converge: une place centrale où s'élève une structure incroyable dont le nom s'impose de lui-même: *la Fontaine du regard infini*. Se peut-il qu'il existe, au mitan secret de la ville, une œuvre d'une telle dimension et d'une si grande beauté? Ce qui repose devant vous n'a rien à voir avec ce que Rimbaud appelait «un monument de superstitions». Ce n'est ni une statue, ni une vraie fontaine, ni une sculpture, mais tout cela à la fois, fondu en une tour cristalline diffusant ses propres lumières, un ensemble protéiforme créé par cent génies, doué, malgré une première impression d'inachevé (d'in-fini), de toutes les qualités d'harmonie et de justesse. Dès que vous bougez autour de ce miroitement polychrome, plus près du kaléidoscope que du prisme, vous remarquez que le plus léger changement d'angle vous découvre un monde nouveau. Toutes les beautés de la ville sont ici visibles: le Colosse de la place de Paris, la Vivrière de la place de la FAO, le monument de la Foi à la place d'Armes, la fontaine de Daudelin devant la gare, tout cela cœxiste avec les squares les plus modestes, comme le carrefour Lockwell-Salaberry, le parc Samuel-Holland, le cimetière de l'église St. Matthew, la place Roger-Lemelin, rue de l'Aqueduc. À tout moment, comme en transparence, apparaît le profil de chacun des personnages connus ou inconnus de l'histoire de la ville. Louis Hébert, par exemple, se dévoile au moment où vous allez reconnaître les cent mille arbres de Québec et les meilleures pages de la *Flore laurentienne.* Ailleurs le passé amérindien de l'ancienne Stadaconé se mue tout soudain en un visage de marin qui n'est autre que celui de Jacques Cartier, lequel l'instant d'après découvre l'âme de tous les poètes voyageurs, de tous les découvreurs du vaste fleuve, de tous les capitaines familiers des constellations, de tous les pionniers de la forêt primitive. Comment a-t-on pu fondre ensemble des milliers de visages, des centaines de lieux avec leur esprit, des perspectives et des événements, vous ne pourrez le découvrir, mais vous sentez bien que toutes les grandeurs, toutes les entreprises, tous les malheurs, toutes les épreuves de Québec sont contenus dans cette Fontaine du regard infini, que tout ce qui est à venir est là aussi, mais en partie masqué par une infime pellicule de glace qui fond en cascatelles pour se reformer, même en été, sous un angle différent, en cristaux de neige.

Est-ce la beauté de cette fontaine, est-ce son étrangeté, ou bien son originalité qui agissent d'une manière presque magique sur les regardeurs? Toujours est-

il que vous habite le chaud contentement de remarquer autour de vous que les gens se saluent spontanément, qu'ils s'abordent sans retenue, qu'ils entreprennent des conversations où prime le besoin de partager les émois soulevés par les visions, de commenter ce que chacun décèle dans l'œuvre aux facettes illimitées.

Le voici donc le vrai parfum de la ville, cette indéfinissable présence que l'on nomme parfois : le charme de Québec.

Le parc du Cavalier-du-Moulin

Au cœur du Vieux-Québec, tout au bout de la rue Mont-Carmel, se trouve le parc du Cavalier-du-Moulin. Impossible de ne pas se demander, en y accédant, si on ne s'amène pas sur un terrain privé. Par ailleurs, nulle trace de moulin, encore moins de cavalier. Mais on se surprend de voir deux petites caronades montées sur leurs affûts de fonte, pointées sur les toits des maisons voisines. Alors d'où vient ce nom étrange ?

En 1658, le procureur fiscal et receveur général Simon Denys de la Trinité fait construire un moulin à vent, là où se dressent aujourd'hui les vestiges de la redoute du Cap-aux-Diamants. Cinq ans plus tard, De la Trinité déplace le moulin sur une butte rocheuse. En 1672, Nicolas Dupont de Neuville, membre du Conseil souverain, acquiert le moulin, que l'on dit « situé en cette ville haute sur la Butte et lieu appelé Mont Carmel », de même qu'une maison de colombage qui l'avoisine. Voilà pour le moulin.

En 1693, après la menace de la prise de Québec par William Phips et sur l'ordre de l'intendant Jean Bochart de Champigny, on transforme radicalement les lieux en érigeant une muraille en pierre du Cap, c'est-à-dire en schiste noir, dont les angles sont en pierre de Beauport, c'est-à-dire en calcaire. En fait, l'entente de construction précise qu'on doit construire «la muraille de la plateforme qui est à faire sur la butte à l'entour du moulin qui sert de cavalier dans le bastion Saint-Louis». Il faut savoir que les ingénieurs militaires du temps définissent un cavalier comme «un amas de terre dont le sommet compose une plateforme sur laquelle on dresse des batteries de canon pour nettoyer la campagne ou pour détruire quelque ouvrage de l'ennemi». Le cavalier, qui dominera les environs d'une hauteur de dix mètres et permettra de tirer par-dessus les remparts de terre du bastion Saint-Louis, répond bien à l'usage classique que lui confèrent la théorie et la pratique défensive en vigueur à l'époque. Voilà pour le « cavalier ».

Les mémoires des ingénieurs du XVIIIe siècle font souvent état du petit cavalier du Moulin, « une portion de pentagone pouvant contenir quatre pièces de canon… situé sur un fort gros roc escarpé… c'est la meilleure pièce du pays. Ce cavalier est assez bien situé, mais si petit qu'il n'y avait pas moyen de s'en servir… la redoute du Moulin n'a point de logement que la tour d'un moulin à vent… »

En 1755, avec le report plus à l'ouest de la ligne des fortifications de Québec, le cavalier du Moulin perd toute son importance stratégique parce qu'il ne permet pas de tirer assez loin. À la Conquête, il devient propriété du gouvernement militaire. Au cours de la première moitié du XIXe siècle, on construit à cet endroit

plusieurs petits bâtiments, de même que la maison du secrétaire militaire de lord Dalhousie, Henry Charles Darling. Muni d'une intéressante cave à vin, l'édifice est incendié en 1844. À ce moment-là, le mur du cavalier du Moulin tombe en ruine et on le refait, cette fois en pierre de Cap-Rouge, c'est-à-dire en grès.

Jusqu'au début des années 1960, le lieu connaîtra une succession de propriétaires ou de locataires, dont le gouvernement fédéral et l'avocat et homme politique sir Adolphe-Philippe Caron. Enfin, en 1962, le gouvernement du Québec achète des religieuses du Mary Mount College le cavalier du Moulin, ainsi que la maison voisine. Vingt ans plus tard, après avoir stabilisé et consolidé la muraille, aménagé et embelli le site, le ministre québécois des Travaux publics et de l'Approvisionnement inaugure officiellement le parc historique du Cavalier-du-Moulin.

J. P.

Source : Michel Gaumond, « Au cœur du Vieux-Québec, le cavalier du Moulin », *Continuité* (Québec), n° 37 (printemps 1994), p. 26 et suivantes.

Le parc Cartier-Brébeuf

«Et pareillement le dit Capitaine fit apprester nos barques pour passer outre, et aller à-mont le dit fleuve avec le flot pour chercher hâble et lieu de sauveté pour mettre les Navires; et fusmes outre le dit fleuve environ dix lieuës, cotoyans la dite Isle [l'île d'Orléans], et au bout d'icelle trouvasmes un affoure d'eau fort beau et plaisant, auquel lieu y a une petite rivière [la rivière Saint-Charles], et hâble de barre marinant deux ou trois brasses, que trouvasmes lieu à nous propice pour mettre nos dits Navires à sauveté.» Nous sommes le 8 septembre 1535, Jacques Cartier et ses hommes, montés sur leurs trois navires – la *Grande Hermine*, la *Petite Hermine* et l'*Émérillon* – s'amènent dans la rivière Saint-Charles et jettent l'ancre à l'embouchure du ruisseau Lairet. En face s'élève Stadaconé, site d'une bourgade probablement ouverte à la manière montagnaise, bien qu'elle soit habitée par des Iroquois.

Alors qu'une partie de ses 110 hommes entreprennent de construire un fortin de bois avec palissade, Cartier, avec 30 autres de ses compagnons, poursuit son chemin jusqu'à Hochelaga, ville close et fortifiée à la mode iroquoise. Ils seront de retour à Stadaconé en octobre. Dès la mi-novembre commence un hiver rigoureux et neigeux qui surprend les Français. Toutefois, plus terrible encore que l'hiver, il y a le scorbut. Apparu en décembre chez les indigènes de Stadaconé, il s'attaque bientôt aux Français. Et le mal est foudroyant: 25 marins en meurent. Les autres s'en tirent grâce à un remède amérindien, la tisane d'annedda, de thuya occidental. Le printemps venu, comme on a perdu des hommes, les trois navires ne sont plus nécessaires, et on abandonne sur place la *Petite Hermine.* Cartier repassera une autre fois devant Stadaconé, mais jamais plus il ne s'arrêtera à l'embouchure du ruisseau Lairet.

En fait, près d'un siècle plus tard, ce sont les pères jésuites, dont Jean de Brébeuf et Charles Lalemant, qui s'installent en ce lieu. Ils obtiennent en 1625 un emplacement au nord de la rivière Saint-Charles qu'ils nomment seigneurie de Notre-Dame-des-Anges. Ils choisissent de construire leur résidence à l'endroit connu aujourd'hui sous le nom de Stadacona, près du lieu où Jacques Cartier et ses compagnons avaient hiverné en 1535, et où ils demeureront une douzaine d'années. À partir de 1637, ils commencent à délaisser leur résidence au profit d'un emplacement situé dans le Vieux-Québec, là où se trouve aujourd'hui l'hôtel de ville, un terrain sur lequel ils ont fait construire leur collège deux ans plus tôt. Il s'agit du premier collège régulier en Amérique du Nord, une école primaire pour garçons d'Européens. Quant à leur résidence de Notre-Dame-des-Anges, elle devient une école pour les populations amérindiennes. Rapidement, toutefois, les jésuites fermeront cette école, parce qu'il n'y a pas d'autochtones intéressés à la fréquenter.

Par la suite, les jésuites loueront leurs terres à différents fermiers. En 1800, à la mort du dernier jésuite venu de France, la seigneurie de Notre-Dame-des-Anges devient la propriété du roi d'Angleterre. Bientôt, à cause du bel estuaire de la rivière Saint-Charles, des entrepreneurs, constructeurs de navires et commerçants de bois, lorgnent la propriété et arrivent à se faire concéder des lots. Jusqu'en 1920, précisément à l'emplacement du parc Cartier-Brébeuf, on retrouvera plusieurs complexes industriels, soit des chantiers navals, un moulin à scier et deux briqueteries.

En 1921, la Ville de Québec devient propriétaire des terrains. Vingt ans plus tard, elle adopte un règlement municipal en vue de la création d'un parc à cet endroit. En 1957, le gouvernement fédéral acquiert ces terrains de la Ville et déclare l'endroit d'intérêt historique national. On dédie le parc à la mémoire de Jacques Cartier et de ses compagnons, et à celle du jésuite et martyr Jean de Brébeuf. Aujourd'hui, le parc Cartier-Brébeuf, lieu de détente le long de la Saint-Charles, propose au visiteur une réplique de la *Grande Hermine* et une «maison longue» amérindienne, soit l'habitation iroquoïenne typique.

J. P.

Place-Royale

« De l'isle d'Orléans jusques a Quebecq y a une lieue, j'y arrivay le 3 juillet, où estant, je cherchay lieu propre pour nostre habitation, mais je n'en peu trouver de plus commode, ny mieux situé que la pointe de Quebecq, ainsi appelée des sauvages, laquelle estoit remplie de noyers. » Ainsi Samuel de Champlain décrit-il son arrivée à la place Royale le 3 juillet 1608. Quelques décennies plus tard, en 1682, après un grand incendie qui détruit presque toutes les maisons de la basse-ville, la place publique est, en quelque sorte, ennoblie. L'intendant Jean Bochart de Champigny érige alors, sur la place du Marché, un socle de pierre où trône un buste de Louis XIV. Dorénavant, on parlera de la place Royale.

C'est sur une avancée appelée à l'époque Pointe-aux-Roches que Champlain et ses 21 compagnons construisent leur « habitation », une forteresse conçue à la façon d'une citadelle de campagne. Jusqu'aux années 1630, cette habitation est considérée comme un poste de traite des fourrures. À la mort de Champlain en 1635, en effet, Québec n'est toujours, faute d'habitants, qu'un comptoir commercial où vivent une poignée d'hommes. Toutefois, avec Charles Huault de Montmagny, le premier gouverneur en titre, la colonie s'accroît graduellement. Durant les années 1650, la place Royale connaît une poussée démographique sans précédent. Des marchands, des négociants, des ouvriers s'y installent. Bientôt, tout l'espace disponible sur cette étroite bande de terre entre la falaise et le fleuve se trouve occupé. Vingt ans plus tard, pour faciliter la vie à cet endroit, les autorités doivent adopter des règlements qui constituent les premiers jalons d'une politique d'urbanisme. Au pied du promontoire, on compte alors une soixantaine de maisons, serrées les unes contre les autres, auxquelles s'ajoutent neuf bâtiments commerciaux. La place Royale est devenue le grand centre administratif du commerce des fourrures, le lieu où l'on entrepose et expédie les pelleteries, et où l'on reçoit et distribue les marchandises de traite.

Dans la nuit du 4 au 5 août 1682, c'est la consternation; un grand incendie rase 53 édifices. Peu d'habitants peuvent sauver leurs biens. Mais, avec l'aide du marchand Charles Aubert de La Chesnaye, épargné par le feu, on reconstruit, sur les anciennes fondations, des maisons en pierre, ou mi-pierre, mi-colombage. Et, comme ces nouvelles demeures sont plus spacieuses que les précédentes, l'espace urbain s'en trouve plus densément occupé. En 1688, grande nouveauté, la place publique a désormais son église.

Pendant ce temps continuent d'affluer à Québec des navires de tous les ports français, des Antilles, de Louisbourg et de Terre-Neuve. L'importation devient le moteur des activités commerciales. Les exportations, elles, se limitent obligatoirement aux matières premières, comme le blé, le bois, le poisson et surtout la fourrure.

La place Royale est un centre marchand, une cité commerçante, et accueille, deux fois la semaine, le mardi et le vendredi, le marché public.

Au début de juillet 1759, la venue devant Québec de 173 navires anglais de toutes sortes fait craindre le pire. Et, de fait, le 12 juillet commence le bombardement de la ville, qui durera jusqu'au 13 septembre. Plus de 40 000 boulets et 10 000 bombes tombent sur Québec. La place Royale est dévastée. La ville capitule.

Devenue britannique, la place Royale se relève, plus commerçante que jamais. On construit des habitations de pierre selon les modèles du Régime français, on gagne du terrain sur le fleuve, le port prend de l'ampleur et on assiste à l'exploitation intense des rives. C'est le règne des hangars et des quais. L'endroit est plus que jamais entre les mains des hommes d'affaires et le commerce tend à s'angliciser. Les études sur la place Royale au XIXe siècle montrent un milieu culturellement très riche, qui ne peut se comparer qu'à Boston et New York, les deux autres grands ports d'entrée en Amérique. De par sa position géographique, les nombreux et divers apports étrangers et le dynamisme de ses habitants, la place Royale constitue une image réduite de l'Occident sur les rives mêmes du Saint-Laurent, un milieu de grandes nouveautés, à la fine pointe des derniers progrès techniques.

S'y établissent bientôt la Chambre de commerce et la Bourse de Québec, plusieurs banques et compagnies d'assurances. Après 1860, voici que s'ouvrent de nombreux bureaux d'avocat. Mais la place Royale doit quand même vivre un certain déclin, car avec le dragage du fleuve jusqu'à Montréal, elle cesse d'être l'étape obligée sur le Saint-Laurent. Peu à peu, les grossistes quittent l'endroit pour suivre le courant général.

Au début des années 1960, les pouvoirs publics envisagent la revalorisation de la place. N'est-elle pas le point de départ de toute l'épopée française en Amérique ? Le gouvernement du Québec décrète alors cette zone arrondissement historique. En 1966, il acquiert 18 immeubles et met sur pied un vaste chantier de restauration. L'année suivante, la *Loi de Place-Royale* établit que le gouvernement peut acquérir les 64 immeubles du site et agira comme maître d'œuvre de toute opération de restauration. On décide de « redonner à Place-Royale le visage qu'elle avait pendant la période de développement de l'architecture traditionnelle française ». En 1985, l'UNESCO inscrit l'arrondissement historique du Vieux-Québec sur la liste du patrimoine mondial, une reconnaissance qui englobe Place-Royale comme lieu d'implantation décisive de la Nouvelle-France. En 1995, la note totale assumée par l'État, au cours des 35 années précédentes pour la restauration de Place-Royale, s'élève à 36 millions de dollars. L'effort était nécessaire pour doter la capitale « d'un lieu d'ancrage d'une mémoire collective en quête de repères ».

J. P.

Source : Luc Noppen et Lucie K. Morisset, *Québec de roc et de pierres : la capitale en architecture*, MultiMondes (Sainte-Foy) et Commission de la capitale nationale du Québec (Québec), 1998, p. 132 et suivantes.

La place de la Gare

L'origine et le développement de la place de la Gare ne peuvent se comprendre que par la rencontre du fleuve Saint-Laurent et de la rivière Saint-Charles. Ici se trouvait un espace maritime, un bassin fluvial qui longtemps ne vivrait que de l'eau. Sous le Régime français, d'abord dans un pays qui ne possède pas de réseau routier et où la voie d'eau est au cœur de la vie, l'endroit semble idéal pour la construction navale. L'intendant Jean Talon y croit, au XVIIe siècle, mais il faudra des circonstances plus favorables, une demande de la France pour sa marine marchande ou sa flotte de guerre, par exemple, pour que le rêve devienne réalité.

Au début des années 1730, l'intendant Gilles Hocquart est certain que le moment est venu de se lancer dans la construction navale. Voilà plus de dix ans que les autorités locales le réclament, et le représentant royal entrevoit déjà la construction du chantier du Roi là où se trouve aujourd'hui la place de la Gare. En 1733-1734, il fait élever une imposante jetée en pierre pour protéger des grosses vagues ou des marées les futures installations du chantier.

Hocquart avait vu juste : le roi donne son aval au projet en 1738 et délègue à Québec le réputé constructeur naval René-Nicolas Levasseur. On bâtit le chantier selon les plans de Gaspard-Joseph Chaussegros de Léry, l'ingénieur du roi en Nouvelle-France. Au printemps de 1739 sont aménagés d'importants quais, une cale de construction de navires, ainsi que des dépendances et des ateliers pour les artisans de la navigation à voile et à coque de bois : charpentiers, calfats, cordiers, voiliers, forgerons et faiseurs d'agrès. Mais l'expérience n'est pas concluante. Malgré le prolongement important des quais et l'aménagement d'une souille pour faciliter la sortie des navires, la rivière Saint-Charles est toujours trop peu profonde pour lancer les grands bateaux de guerre demandés par la France. Tout de même, de 1742 à 1748, on y construira au moins huit navires, dont le *Canada* et le *Caribou*, jaugeant 500 et 700 tonneaux.

Après 1749 et au moins jusqu'en 1775, les autorités laisseront les entrepreneurs privés utiliser les installations du chantier naval, mais l'ouverture de la rue Saint-Paul, en 1816, signe l'arrêt de mort du chantier. Alors qu'au sud de la rue, on vend les terrains à des particuliers, au nord, le gouvernement cède aux pressions des citoyens et fait construire, au début des années 1830, le marché Saint-Paul, une place de débarquement pour les marchandises lourdes et encombrantes, comme le foin, le bois de chauffage, la chaux et le bétail sur pied. Les premières halles ouvrent dès 1833, de même qu'une maison de la pesée, une autre du clerc et un parc pour les animaux.

Le marché Saint-Paul ferme vers 1875 pour permettre la construction de la gare de la compagnie Canadien Pacifique. Une fois de plus, l'environnement de la place de la Gare se modifie. Mais c'est surtout la construction en 1915 de la gare Union ou, gare du Palais, selon une architecture de style château, qui donnera à la place de la Gare une partie de sa personnalité d'aujourd'hui. Depuis les traces de la grande digue de pierre de 1733 jusqu'aux fondations de l'entrepôt de marchandises du Canadien Pacifique en 1875, les archéologues ont trouvé un très grand nombre de vestiges permettant de reconstituer la façon de vivre à chacune des époques à la place de la Gare. On a même mis au jour l'épave envasée d'un navire britannique de 200 tonneaux abandonné dans la souille du chantier naval, probablement un bateau militaire rattaché à l'amirauté.

Après un aménagement récent dans l'esprit des grands jardins français, la nouvelle place de la Gare a acquis sa forme finale le 3 juillet 1998 par la mise en eau de la sculpture-fontaine *Éclatement II*, de l'artiste Charles Daudelin, une œuvre imposante, animée d'un jet central de huit mètres de hauteur, représentant des plaques tectoniques soulevées par la force de l'eau.

J. P.

La place de la FAO

Le 16 octobre 1945, les représentants de 44 pays se réunissent à Québec pour fonder le premier organisme permanent de l'ONU, l'Organisation des Nations Unies pour l'alimentation et l'agriculture, mieux connue sous le sigle FAO. Cinquante ans plus tard, pour marquer le cinquantenaire de l'événement, se tient à Québec, du 11 au 13 octobre 1995, un important colloque international réunissant les ministres de l'Agriculture de plus de 160 pays. On y dresse un bilan des 50 premières années et on se penche sur le rôle futur de cet organisme humanitaire à l'heure de la polarisation des marchés mondiaux et des bouleversements technologiques.

Pour commémorer l'événement et donner à la FAO une visibilité accrue dans la ville qui l'a vue naître, Québec décide d'une nouvelle place publique à l'angle des rues Saint-Pierre, Saint-Paul et du Sault-au-Matelot, là où, du temps de Samuel de Champlain, le Saint-Laurent venait lécher le pied du cap. Les architectes Jean Jobin et André Plante, du Service de l'urbanisme de la Ville, imaginent pour la place un aménagement se déployant à partir d'un point central, comme une onde à la surface de l'eau. Un pavé de béton est alors posé de manière à évoquer la forme de vagues, autour d'un vaste bassin circulaire, tout cela, bien sûr, afin de témoigner du passé maritime des lieux. On y trouvera également un mémorial en l'honneur de l'homme politique canadien Lester B. Pearson, lauréat du prix Nobel de la paix, l'un des principaux instigateurs de la fondation de la FAO et président de la conférence de 1945.

La nouvelle place publique intègre, en relation intime avec le bassin, une œuvre d'art sculpturale évoquant la mission humanitaire de la FAO. Réalisée par l'artiste Richard Purdy, en collaboration avec Carmelo Arnoldin et François Hébert, *La Vivrière* représente une figure de proue surgie du sol, à l'image de celle d'un bateau ancien venu de loin avec ses cargaisons de victuailles. Représentant une femme aux bras chargés de produits alimentaires provenant de tous les continents, *La Vivrière*, en effet, invite les hommes et les femmes au rapprochement afin que la FAO puisse continuer à jouer son rôle humanitaire.

Inaugurée le 10 octobre 1995 en présence de nombreux dignitaires, la place de la FAO a remporté en 1998 l'Honneur national de design de l'Association des architectes paysagistes du Canada.

J. P.

Le cimetière St. Matthew

À la hauteur du 755 rue Saint-Jean, à l'ombre de l'église St. Matthew, devenue en 1980 la succursale Saint-Jean-Baptiste de la Bibliothèque de Québec, se trouve le cimetière St. Matthew qui, pour la population du quartier, tient lieu de parc public.

Le Quebec Protestant Buring Ground reçoit ses premières sépultures en 1772. Anglicans, presbytériens et autres protestants y seront désormais ensevelis. Toutefois, durant le premier quart du XIXe siècle, le nombre d'inhumations sans cesse grandissant commence à inquiéter les résidants avoisinant le cimetière. Le temps passe et les protestations s'accroissent. Finalement, en 1855, le conseil municipal de Québec obtient de la Législature du Canada-Uni l'adoption d'une loi interdisant dorénavant l'inhumation à l'intérieur de la ville. La mesure s'impose sans doute pour des raisons d'hygiène et parce que le nombre d'endroits servant à ensevelir les morts se multiplie. Cinq ans plus tard, en 1860, on cesse donc les inhumations au cimetière St. Matthew. L'un des plus anciens lieux de sépulture conservés au Québec, ce cimetière, qui forme un havre de paix et de verdure au cœur même d'un quartier fortement peuplé, conserve plusieurs de ses pierres tombales, soigneusement restaurées.

Dans un autre ordre d'idées, on célèbre dès 1822 les services religieux sur le site. Une fois par mois, dans une partie de la maison du fossoyeur, se tient un office présidé par le pasteur de l'église anglicane. En 1827, lorsqu'on relocalise le fossoyeur, toute la maison est consacrée au culte, jusqu'à sa destruction lors de l'incendie du faubourg en 1845, alors que brûlent 1 300 maisons, trois écoles et deux églises. En 1848, l'entrepreneur-maçon John Cliff construit en lieu et place de la maison incendiée une chapelle en pierre, d'une grande simplicité, évoquant l'Early English Gothic.

En 1870, devant le nombre croissant de fidèles, les autorités anglicanes agrandissent la chapelle St. Matthew. On perce le mur est pour ajouter des transepts et un chœur terminé par une abside à cinq pans. La nef de John Cliff est remplacée en 1875 par une nef de plus grande dimension, dotée d'un bas-côté au sud, et par une sacristie pour le clergé et les choristes, à l'angle sud-ouest de l'église. En 1882, l'église acquiert sa forme actuelle avec l'ajout d'un clocher-porche surmonté d'une flèche caractéristique de l'architecture religieuse anglaise des XIIIe et XIVe siècles. L'horloge surmontant l'entrée depuis 1909-1910 est l'œuvre de l'horloger londonien J. W. Benson.

L'église St. Matthew est un bel exemple du mouvement ecclésiologiste anglais du XIXe siècle, qui préconise un retour à la liturgie d'avant la Réforme, à la musique et à l'architecture d'inspiration médiévale.

J. P.

Source : David Mendel, « Un écrin médiéval, l'église St. Matthew », *Cap-aux-Diamants* (Québec), vol. 3, nº 1 (printemps 1987), p. 49-52.

La place D'Youville

Au cours des cent premières années de l'histoire de Québec, ce sont la basse-ville, soit Place-Royale et ses alentours, et le Vieux-Québec d'aujourd'hui qui se développent. Dans le faubourg Saint-Jean, on retrouve essentiellement des terres agricoles.

À compter des années 1720, cependant, on voit apparaître les premières maisons le long de la nouvelle rue Saint-Jean, là où se trouve aujourd'hui la place D'Youville. Artisans de la construction, tanneurs, charretiers et forgerons s'empressent de venir s'installer dans le faubourg. Près de ces maisons, des petites cours entourées de pieux permettent de cultiver des potagers et d'élever quelques animaux. Des fouilles archéologiques menées par la Ville de Québec montrent que ces artisans vivaient assez bien.

En 1745, toutefois, comme les maisons des artisans sont construites trop près de la nouvelle enceinte qu'il veut faire élever pour protéger la ville, l'ingénieur Gaspard-Joseph Chaussegros de Léry ordonne que la plupart d'entre elles soient détruites. Pour voir venir l'ennemi de l'ouest, si jamais il s'amenait de ce côté, il faut en effet conserver, en face des fortifications, une zone libre de toute construction permanente.

La prise de Québec par les Anglais en 1759 change la vie du faubourg Saint-Jean, car les vainqueurs ne jugent pas utile de conserver, là où se trouve aujourd'hui la porte Saint-Jean, une telle zone libre. Ils pensent déjà plutôt à bâtir une citadelle, plus au sud, surplombant le Saint-Laurent.

Très rapidement, dès 1763, des artisans s'installent à nouveau près des murs, construisant des petites maisons de bois à un étage, avec toits à deux versants, détachées les unes des autres. Il est plus intéressant alors d'habiter et de travailler dans le faubourg Saint-Jean qu'à l'intérieur des murs ou dans le faubourg Saint-Roch, parce que la vie à l'intérieur des murs est fortement réglementée et l'économie de Saint-Roch stagne.

À partir du 14 décembre 1775, les Américains assiègent Québec. Déjouant les calculs des Anglais, ils réussissent à s'approcher des fortifications du côté de la porte Saint-Jean en se réfugiant derrière ou à l'intérieur des petites habitations. Après deux semaines d'attente, au petit matin du 31 décembre, vers quatre heures, en pleine tempête de neige, ils lancent trois attaques simultanées contre la ville. Ils tentent d'abord d'enfoncer la porte Saint-Jean à coups de boulets, mais ce premier assaut n'est qu'une tactique de diversion. Toutefois, l'opération échoue, et les Américains sont repoussés facilement. Au lendemain de l'attaque, résolues à ce qu'on ne les y reprenne plus, les autorités ordonnent la démolition du faubourg. Soixante-quinze habitations sont détruites, et encore une fois, comme en 1745, le faubourg Saint-Jean disparaît.

Jusqu'à la construction de la citadelle durant les années 1820, le grand espace devant la porte Saint-Jean demeure à peu près libre de toute construction. Par la suite, c'est le boom économique pour la rue Saint-Jean, qui en 30 ans, de 1845 à 1875, se commercialise complètement, de la porte Saint-Jean à la rue Sainte-Geneviève.

Durant les années 1870, avec les projets d'embellissement du gouverneur général, lord Dufferin, on ferme, devant la basilique-cathédrale de Québec, le marché de la haute-ville, dont les origines remontent au Régime français, pour construire le marché Montcalm à la place D'Youville. Bâti en 1877 sous la responsabilité de l'ingénieur et architecte Charles Baillairgé, selon les plans de l'architecte Paul Cousin, la halle Montcalm est alors considérée comme un monument important de l'architecture publique à Québec. Bel édifice de trois étages, on y retrouve des étals pour les maraîchers et les bouchers et, dans les combles, un local spacieux occupé pendant quelques années par l'École des arts et manufactures. En 1878, face au marché Montcalm, on érige l'édifice de la Young Men's Christian Association d'après les plans de Joseph-Ferdinand Peachy. Bien desservie par le tramway, la place D'Youville commence à se préciser, à prendre l'allure de carrefour qu'elle a aujourd'hui.

En 1903, on inaugure la salle de spectacles appelée l'Auditorium (qui deviendra le théâtre Capitole),

construite selon les plans des architectes W. S. Painter, F.-X. Berlinguet et R.-P. Lemay. Plus tard, en 1931, alors que la halle Montcalm est fermée depuis un an, la Ville de Québec annonce la construction du Palais Montcalm. Souhaitant embellir ce carrefour fraîchement réaménagé par d'importants travaux de voirie, on voulait un édifice prestigieux pour lui conférer une image de marque.

Le Monument national, car c'est ainsi que beaucoup l'appelaient alors, allait être le «grand théâtre» de Québec jusqu'à ce qu'on donne ce titre à l'édifice inauguré en 1970, rue de Claire-Fontaine. Déjà fortement présent grâce au Palais Montcalm et au théâtre Capitole, le caractère récréatif et culturel de la place D'Youville sera renforcé par le nouvel aménagement des lieux réalisé par la Ville en 1987.

J. P.

Langue de verdure au centre d'un miroir. Îlot de nature au flanc de la ville.

Dans les siècles de Maizerets

Le jeune verdoiement des hêtres me fait l'effet d'un nouveau monde.

Paul Klee

Il y a, dans l'immédiat voisinage du fleuve, une merveilleuse petite forêt. Certains jours elle vient dans mon esprit me promettre des moments si larges qu'il m'est impossible de résister à son appel. En dix minutes je peux rejoindre ce lieu encore sauvage. Il me suffit de sauter dans ma voiture, de quitter le centre-ville, du côté de l'est, par l'autoroute Dufferin, de sortir au boulevard Henri-Bourassa en direction du nord, de m'engager à droite dans la rue Saint-Eugène et, par le sud de la rue Maufils, d'atteindre le boulevard Montmorency qui longe la voie ferrée reliant Québec et Charlevoix. Apparaît à main droite une enseigne : *Le Domaine Maizerets.* C'est là.

Qui pénètre en ce lieu doit s'attendre à flairer tout d'un coup la présence de l'histoire. L'y incite la vue de la longue maison blanche, si classique de forme, construite sur deux étages et portant une rangée de huit lucarnes sur son toit en pente. On la nomme parfois manoir et plus souvent château. Plusieurs reconstructions et ajouts succédant à autant d'incendies lui ont donné, à travers trois

L'aigle passe et trouve
que l'homme opte trop souvent
pour la rigidité de la lance.

siècles, son apparence actuelle, mais le visiteur à l'esprit curieux entreprendra ici un salutaire voyage dans l'histoire de Québec. Il apprendra que dès 1626 le duc de Ventadour, vice-roi de la Nouvelle-France, concéda aux pères jésuites la seigneurie de Notre-Dame des Anges qui, bornée au nord par le piémont, s'étendait au sud le long de la grande batture, sur un espace appelé Canardière à cause de la multitude d'oiseaux migrateurs qui venaient s'y nourrir. Vingt-cinq ans plus tard les Jésuites cédèrent une partie de la seigneurie au colon Simon Denys qui baptisa ses terres: fief de la Trinité. Une vente successive rend Thomas Doyon propriétaire d'un domaine à l'endroit exact où nous nous trouvons. En 1696 il y construit, en pierres des champs, une humble maison de ferme, là où six ans plus tôt le général anglais Phips débarqua deux mille soldats venus conquérir la ville naissante, soldats qui se heurtèrent à une poignée de résistants dont certains, comme Pierre Maufils, élève du Séminaire, laissèrent leur vie au combat. Une rue du quartier Saint-Pascal-de-Maizerets, en Limoilou, rappelle cet acte de bravoure.

Le début du dix-huitième siècle voit apparaître un autre propriétaire, le Séminaire de Québec, qui agrandit la maison de Doyon, y installe un fermier, aménage pour son approvisionnement les terres en culture et, précaution indispensable, y élève un ouvrage fortifié dont rendent compte les cartes anciennes sous l'appellation de redoute des Prêtres. Lors du siège de Québec, en 1759, il n'est nulle part question de cette redoute, mais il n'est pas impossible que des combats opposèrent en ce lieu les troupes de Wolfe et celles que Montcalm posta à Beauport. Chose certaine, la maison de la Canardière, comme on l'appelait à l'époque, survécut aux escarmouches, mais seize ans plus tard les soldats américains de Montgomery s'y retranchèrent après la défaite du 31 décembre et y mirent le feu avant de prendre la fuite le printemps suivant. Les prêtres décident alors de reconstruire la Canardière « de manière propre à servir de maison de campagne pour les jours de congé du Séminaire ».

Pour demain, les formes du passé et la force de l'arbre jeune.

C'est cette construction, deux fois agrandie en 1778 et en 1848, que peut admirer le voyageur qui aujourd'hui parvient au domaine Maizerets.

Je pourrais pour ma part passer des heures autour des bâtiments anciens, à considérer les lignes pures de la vieille grange de pierres blanchies, les massifs de fleurs qui l'entourent, à admirer le château, bel exemple d'architecture urbaine du dix-huitième siècle transposée en milieu rural et restaurée avec goût; pour l'heure, c'est la forêt qui me convie. Laissons croître le désir, allons marcher un moment derrière le château. On découvre là un étang de forme elliptique, long de cent mètres, bordé de grands arbres et portant en son centre un îlot

L'oiseau, même muet, fait chanter les roseaux.

joliment boisé d'ormes et de saules, langue de verdure au centre d'un miroir. Une passerelle cambrée, aux rampes ouvragées de bois blanc, y donne accès. Du coup vous pénétrez dans un état de recueillement qu'on ne retrouve dans aucun autre parc de Québec, outre peut-être certaine futaie du Bois-de-Coulonge, et dont la qualité me semble venir de la présence des canards barboteurs en liberté dans les eaux calmes de l'étang, du sol humide de l'île, de l'édicule blanc dépossédé de sa statue et surtout des hauts feuillus qui ombragent les rives intérieures et extérieures. On reconnaît parmi eux les gigantesques peupliers à feuilles deltoïdes, communément appelés *liards*.

Voilà un de nos plus beaux arbres indigènes. Certains individus possèdent un tronc atteignant plus de six mètres à la base, comme ces deux arbres jumeaux bordant l'avenue De Bienville, dans le quartier Montcalm. À chacune de mes visites chez mon ami André Ricard, nous ne manquons jamais de les admirer, de l'écorce cannelée aux ultimes rameaux, de supputer leur âge et leur santé. C'est lui d'ailleurs, mon ami, en sortant sur le perron pour m'accueillir, qui, le premier, en poète féru de botanique, m'a renseigné sur l'identité de ces monuments végétaux. Ceux qui poussent à Maizerets – une centaine – sont un peu plus jeunes, mais ils présentent tous le même port

L'îlot Saint-Hyacinthe.

Tout prenait un sens quand nous savions circuler parmi les choses. Le plan d'eau, image des flots incertains de l'existence, portait en son milieu l'île incomparable, où nous allions retrouver le centre de ce qui nous appelle derrière les apparences. Nous l'abordions sur les ailes d'un léger pont en arceau, blanc comme l'oiseau passeur, puisque c'est toujours en volant que nous atteignons le plus vrai.

caractérisé par l'angle de quarante-cinq degrés que les grosses branches forment avec le tronc, par les ramifications ultimes dressées à la verticale, par le feuillage abondant qui est le dernier, chez les angiospermes, à se dépouiller à l'automne.

Si le grand étang, lors de son aménagement en 1848, communiquait par un canal avec le fleuve, le tracé de l'autoroute est venu rompre ce lien, créant ainsi par rétention des eaux des terres marécageuses où les plantes aquatiques voisinent avec les quenouilles, les roses butomes et les chandelles mauves des salicaires. Les plants d'eau stagnante, verdis pendant l'été par le tapis des lenticules, où malards et sarcelles dessinent à la nage des arabesques, inventent un milieu propre à séduire tout amateur d'oiseaux. Je me souviens d'un matin de mai, au plus fort de la migration, où mon carnet s'est enrichi des mentions d'une quarantaine d'espèces, de l'hirondelle bicolore au héron vert, en passant par les moucherolles, les viréos, les pics et les parulines.

Un marais ne déçoit jamais le promeneur : il rend toujours en nature l'intérêt qu'on lui porte. Aujourd'hui pourtant c'est la « merveilleuse petite forêt » qui m'appelle. Me voilà donc engagé sur le sentier qui plonge au cœur des boisés de l'est. De beaux massifs de frênes rouges nous renseignent déjà sur l'humidité du sol, héritage de l'ancienne proximité du fleuve. Je poursuis ma marche jusqu'au but de ma promenade : la saulaie de Maizerets, ce bois sauvage assez vaste pour

Les chandelles mauves des salicaires : lumière des marécages en été.

m'offrir un coin où m'asseoir, où recevoir l'enchantement promis, à l'instar de Lao Tseu qui aimait, dit-on, à se placer sous l'ombre d'un saule pour méditer.

Que les saules ne soient pas arbres de fière contenance et de régulière verticalité, voilà une évidence première. Il y a une apparence de fragilité dans ces troncs noirs un peu douloureux, souvent inclinés vers le sol où s'entassent branches cassées et rameaux secs. La splendeur du saule réside dans la finesse de sa ramification, dans cette fluidité bruissante et vaporeuse où les feuilles étroites, d'un vert argenté, font pleuvoir des jeux de lumière sur les fourrés du sous-bois. Règnent ici une opulence de forêt tropicale, une limpidité rappelant celle de ces bambous japonais dont les feuillages frissonnent de reflets aquatiques.

Merveilleux endroit où peindre à l'aquarelle, où rêver de lavis monochromes, où donner à son esprit le temps de s'étendre et de gravir, où former en soi l'image d'un plein qui remplit un vide avant que ce plein ne devienne lui-même transparence, où voir glisser les nuages derrière les ruissellements de dentelles, où entendre toutes les nuances du vent soulever des allégresses de feuilles, où recevoir les souffles de la première musique, où se laisser prendre par les approches de la poésie.

L'arbre horizontal, où peut-il bien prendre racine ?

Au cœur de la saulaie de Maizerets, j'ai vu, ce jour, apparaître la figure du poète Saint-Denys Garneau, lui si sensible aux arbres familiers des rivières. Il m'a raconté comment *les grands saules chantent mêlés au ciel*. J'ai vraiment vu toute la beauté de la terre en écoutant le poète célébrer cette féerie de *la brise qui chavire les feuilles* […] *avec tous ses diamants et ses sourires.*

Le mot sourire me ramène soudain à cet après-midi d'automne où j'étais venu marcher dans ce même bois. Novembre avait clarifié les feuillages, raréfié promeneurs et oiseaux. Le silence était par moments froissé de bruissements furtifs. Je n'avais pas prêté grande attention à la première corneille venue lancer ses clameurs sur la cime du grand saule qui me dominait. La seconde aurait dû m'intriguer.

Peut-on croire que nous marchons ici presque au cœur de la ville ?

Quand une cinquième, une sixième, tout aussi crieuses, apparurent, je levai les yeux et je l'aperçus, lui, le veilleur ! Il était là, tassé contre le tronc, à l'aisselle d'une branche, les plumes rebroussées par des souffles de vent, les aigrettes dressées, ses yeux jaunes grand ouverts. Le grand duc peut supporter longtemps ces harangues disgracieuses, instruit sans doute par la sagesse des hiboux de ce que les criards sont rarement dangereux. Je me suis levé, je me suis déplacé pour le mieux saisir dans ma longue-vue, mais un geste l'effraya. Son vol soyeux comme la lumière d'automne le mena à l'ouest du parc, vers la cime d'un grand liard.

Aujourd'hui je n'ai pas vu de grand duc. La saulaie aujourd'hui m'a amené en voyage. Un simple bout de branche trouvé par terre et longuement retourné dans ma main a réveillé ma mémoire. En une seconde je me suis retrouvé au nord de la terre de Baffin, plus précisément dans une des vallées glaciaires de l'île Bylot où m'avait conduit, quatre mois plus tôt, l'observation des oies des neiges sur leur territoire de nidification. Je ne m'attendais certes pas à rencontrer des arbres au nord du 73e parallèle et pourtant j'en ai vu, par milliers. En fait je me suis vite rendu compte, en avançant sur la toundra spongieuse, que c'est toute une forêt que je foulais du pied, une forêt lilliputienne, à fleur de terre, une forêt que le mois d'août parsème du chatoiement cuivré des saules nains. Toute cette végétation arctique m'a fasciné, les saules surtout dont j'ai appris qu'ils servent non seulement de fourrage aux oiseaux et aux mammifères, mais aussi de combustible d'appoint aux chasseurs inuits. Je conserve encore, parmi mes souvenirs d'expédition, un tronc de saule blanchi, long comme un stylo, gros comme mon petit doigt. Si je le garde si précieusement, c'est qu'il m'a permis, une fin de journée, sous la tente commune, de recevoir d'Austin, le biologiste de l'équipe, ma première leçon de botanique polaire. J'appris que si je pouvais placer le bout de cette tige ligneuse sous

Le ciel d'en bas parfois dit davantage que le ciel d'en haut.

Après l'orage, l'arc-en-ciel. Après la fureur, le passage vers l'île Sérénité.

une loupe puissante, je discernerais de deux à trois cents cercles de croissance annuelle ! Je suis donc en possession d'un arbre qui a commencé à vivre à l'époque où la population de Québec n'excédait pas celle d'un gros village.

Qu'en était-il de Maizerets au moment où mon saule nain fit son premier bourgeon sur les mousses polygonales de Bylot? Le domaine ne portait même pas encore ce nom, qu'il n'acquit qu'en 1850, en hommage au premier supérieur du Séminaire, Louis Ango de Maizerets. C'est plutôt aux premières décennies du dix-huitième siècle que l'imagination doit nous conduire, à l'époque où la maison de la Canardière commençait à recevoir des étudiants, les jours de congé. Je les vois participer aux travaux de la ferme, herboriser dans les bois sauvages que je hante aujourd'hui, épier la multitude d'oiseaux venus nicher parmi la dense végétation de la batture, et je les vois nager dans le ruisseau du Moulin qui s'appelait alors la rivière de la Cabane-aux-Taupiers et qui, comme de nos jours du reste, conduisait ses eaux jusqu'au fleuve.

Il suffit de passer le pont
Et c'est tout de suite l'aventure

chante Georges Brassens. Oui, il existe un ponceau enjambant le ruisseau du Moulin, une jolie structure de bois toute neuve, peinte en blanc, qui n'est pas sans évoquer par son aspect la passerelle donnant accès à l'îlot Saint-Hyacinthe. Une autre merveille attend le promeneur de l'autre côté du ruisseau, toute différente des bois et des marais de la partie ancienne du parc. Sur un terrain vague de sept hectares, qui a servi pendant des années d'horrible dépôt à neige, une armée d'horticulteurs et d'aménagistes, mandatés par les autorités municipales, ont créé, en faisant surgir ici une butte et là un étang, en plantant mille arbres et quinze mille arbustes, ont créé donc un vaste jardin en arboretum destiné au repos, au recueillement et à l'éducation horticole. Veut-on savoir le nom des trente espèces d'érables susceptibles d'être cultivées à Québec ? Désire-t-on connaître laquelle des trente-cinq races de pommetiers ornementera votre jardin de ville ? À moins que tout simplement l'on cherche à savoir ce qu'est un robinier faux-acacia, un bouleau colonnaire, un charme de Caroline, ou pourquoi le myrique baumier se nomme si bellement bois-sent-bon ? C'est ici qu'il convient de venir passer quelques heures pour puiser dans le « Livre admirable », à ciel ouvert, l'inestimable leçon de choses, tant il est vrai que la connaissance des arbres et des plantes préside à l'art d'habiter pleinement le réel.

Qui, des résidants de Québec comme des visiteurs roulant sur l'autoroute Dufferin-Montmorency, n'a pas aperçu la tour d'observation qui se dresse à la limite orientale du parc depuis 1996 ? À qui se donne la peine d'en gravir les marches, le spectacle offert n'a pas de prix. Non seulement elle permet, cette tour, de jouir d'une vue inédite sur la capitale et d'accéder à un panorama complet sur le fleuve, l'île d'Orléans, Beauport et Limoilou, mais elle offre le loisir d'embrasser dans le même coup d'œil les siècles passés de Maizerets et l'avenir d'un des lieux les plus prometteurs de Québec.

Le domaine Maizerets

En 1705, les messieurs du Séminaire de Québec acquièrent la ferme de Thomas Doyon et de son épouse Barbe Trépany, propriété qui se trouve aujourd'hui au 1000 avenue De La Vérendrye, à Québec. Connue d'abord sous le nom de maison de la Canardière, en raison de la richesse faunique des battures se trouvant à proximité, la maison de ferme possède un seul étage et vraisemblablement une toiture à la Mansart. Dès 1705, un fermier à l'emploi du Séminaire s'y installe avec sa famille. Il occupe le rez-de-chaussée, et les étudiants du Séminaire logent à l'étage, sous les mansardes. On n'en sait guère plus sur la vocation essentielle de la ferme de la Canardière à cette époque. En raison de sa proximité, sans doute peut-elle alimenter le Séminaire plus directement que la seigneurie de la Côte-de-Beaupré.

En décembre 1775, les Américains marchant sur Québec occupent la maison de la Canardière, puis la quittent quelques mois plus tard en y mettant le feu. Le Séminaire la reconstruit sur les fondations existantes en y ajoutant deux étages, afin de « servir de maison de campagne pour les jours de congé du Séminaire ». Avec ses deux grandes salles superposées, cette nouvelle maison de la Canardière présente manifestement un caractère institutionnel sans rapport avec une maison de ferme. On voit bien ces aires spacieuses aménagées en réfectoire et en dortoir.

De nouveaux travaux d'agrandissement consacrent cette vocation, en 1826, au début de ce qu'on pourrait appeler la belle époque du domaine Maizerets. On y trouve désormais de nouveaux services, dont une pièce servant à la lessive. En 1849, le Séminaire embellit sa propriété par l'aménagement d'un étang de forme elliptique ; un îlot, des ponts et un petit oratoire, aménagés plus tard, évoqueront le goût romantique des concepteurs. En 1850, on change le nom de « la Canardière », utilisé depuis le milieu du XVIIe siècle pour désigner les terres en bordure du fleuve, pour celui de Maizerets. On veut ainsi rendre hommage à Louis Ango de Maizerets, supérieur du Séminaire lors de l'acquisition de la ferme en 1705.

Après avoir servi de site de villégiature pour les séminaristes, le domaine se transforme, en 1932, en colonie de vacances pour les élèves du Petit Séminaire, puis pour tous les jeunes de la région. On peut suivre en dilettante, dans cette maison d'été, des cours d'arts plastiques, de théâtre, de sciences naturelles et de géographie. Au fil du temps, s'ajoutent des aires de jeux, une chapelle, le chalet Lacroix et la piscine extérieure.

En 1979, inoccupée depuis une vingtaine d'années, la maison Maizerets est menacée de vandalisme. Alors la Ville de Québec acquiert ce domaine, propriété du Séminaire depuis près de trois siècles. Désireuse de

voir se poursuivre l'œuvre d'éducation et de loisir qu'on y a longtemps menée, Québec acquiert ainsi «un lieu de verdure et des bâtiments propres à améliorer sensiblement la qualité de ses équipements de loisirs communautaires dans ce secteur de la ville [...]», écrit, le 8 février 1980, Jean Pelletier, maire de Québec, au ministère des Affaires culturelles.

Durant les années 1990, la Ville, de concert avec quelques organismes de la région, investit trois millions de dollars pour allonger le domaine Maizerets vers l'est et créer un arboretum de sept hectares. Aménagé sur un ancien dépotoir à neige et conçu par l'architecte paysagiste Georges Houplain et l'architecte Alfred Martel, du Centre de développement économique et urbain de la Ville, cet arboretum abrite près de 1 000 arbres et 15 000 arbustes et plantes vivaces. On y trouve également un pavillon d'accueil, un bassin d'eau d'une superficie de 2 500 mètres carrés, une tour d'observation et une zone d'enrochement. Inauguré en septembre 1997, l'arboretum du domaine Maizerets remporte l'année suivante le Phénix de l'environnement, soit le prix de la conservation des milieux, de la faune et de la flore accordé à une municipalité québécoise ou à un regroupement municipal de plus de 25 000 habitants.

J. P.

Source : Jean-Louis Boucher, « Maison Maizerets », *Les chemins de la mémoire : monuments et sites historiques du Québec*, Publications du Québec (Québec), tome 1 (1990), p. 217 et suivantes.